佐々木重徳

大人の<ruby>お<rt>お</rt></ruby><ruby>と<rt>と</rt></ruby><ruby>な<rt>な</rt></ruby>お金の遣い方

おとな

つか

大人の
お金の遣い方

税理士に聴いてきました

き

中央経済社

はじめに

　「老後資金2,000万円問題」が世の中を震撼させて間もなく，コロナ禍が拍車をかける事態になってしまいました。「老後資金2,000万円問題」とは，現役時代の貯蓄，退職金や年金だけでは老後の生活を支えられず，その不足額が2,000万円にのぼるという試算です。金額の信ぴょう性はさておき，定年が65歳に引き上げられる社会の流れを考えると，老後資金が不足する世帯が，想像以上に多いことは間違いなさそうです。

　住宅ローンや保険も，家計を圧迫する原因となっています。年功序列や終身雇用が崩壊した令和の時代に，老後は年金で悠々自適に暮らす昭和の時代の生活スタイルを，そっくりそのまま当てはめようとしても無理があります。いやがおうにも，いまの時代にあった生活スタイルに変えていく必要がありそうです。

　ちょっと考えれば詐欺だと分かるうまい儲け話にひっかかり，有り金を全て失ってしまったという，泣くに泣けない話も未だに枚挙に暇がないそうです。

　大学まで進学しても，学校ではお金について学ぶ機会がありません。これもNIPPONのおもてなしということでもないでしょうが，家族や友人との会話では，お金の話をしてはいけない「空気」が存在しています。

　ところが，社会人になった途端，自己責任という名のもと，お金についての判断を自分自身で下さなければなりません。住宅ローンにしても，何の予備知識もなく，年収の何倍もの借金をして買い物をするなんて，ちょっと考えてみたら恐ろしい話です。

　人は，予測できないことや，知らないことに不安を感じます。今日の生活より，30年後の老後の生活が不安になるのは，そのためです。老後の生

活を不安に感じる最大の理由は，お金の心配です。ならば，お金の知識を身につけ，正しい判断ができるようになれば，不安解消となるのではないでしょうか。

　この本では，生きていくうえで必要となる，お金の知識を身につけることを目的としています。ライフプランの設計に必要な幅広い視点で，お金のエッセンスをお伝えします。学校ではお金について学ぶ機会がなく，社会人になっても，あまり具体的に触れることはなく，いざ，定年退職を控えて，焦り出す方が非常に多いと思います。

　そうならないために，割とお金に近いところで，上手なお金の遣い方を目の当たりにしてきた経験を，この本にギュッと詰め込んでみました。

　さまざまな世代の読者の，それぞれのシチュエーションに対応できるよう，やさしく，ていねいに書きました。

　税理士，不動産鑑定士，宅地建物取引士，証券外務員の視点から提案する「お金の遣い方」をお試しください。

【登場人物】

 フクロウ先生。貯金や消費だけでなく，税金，不動産，投資，借金など，お金を遣うコツについて分かりやすく説明します。

 ネコくん。昨春，コロナ禍入社した新米編集者です。就職するまでお金に無関心だったので，ゼロからお金の勉強をはじめたばかり。みなさんと一緒に学んでいきます。

目　次

12章　老後資金はいくら必要？　世帯別シミュレーション
………………………………………………………………… 195

序章
「老後資金2,000万円問題」と「アリとキリギリス」

1 日本人の資産ポートフォリオ

　イソップ寓話の「アリとキリギリス」はご存知ですよね。食べ物が豊富な夏の間，アリは冬に備えて，せっせと食料を蓄えます。そんなアリとは対照的に，キリギリスは歌をうたって楽しく過ごします。やがて冬が到来し，アリは厳しい冬を乗り越えますが，キリギリスは飢え死にしてしまう…。そんな，見方によっては残酷なお話です。

　「大昔の作品だけど，食料をお金，冬を老後と置き換えてみると，現代社会にも当てはまりそうだね」

　「アリは倹約家，キリギリスは浪費家ですね。お小遣いで漫画やゲームソフトばかり買っていたら，ちゃんと貯金しなさいと怒られました」

　「日本人が貯金や預金を好むのは，子供の頃から，アリをお手本，キリギリスを反面教師と教えられるからかもしれないね。実際，家計が保有する金融資産の約半分を，現金と預金が占めているんだよ」

※　貯金は郵便局や農業協同組合（JA）などにお金を預けること，預金は銀行に預けることと，使い分けることがありますが，この本では，そうした使い分けはしていません。

　日本銀行による2021年第1四半期の資金循環（速報）によると，2021年3月末時点の家計が保有する金融資産残高は1,946兆円，うち現金・預金は1,056兆円と全体の54.3%を占めています。

▶図表序－1

		2019年			2020年				2021年	2021年3月末残高（兆円）（構成比（%））
		6月末	9月末	12月末	3月末	6月末	9月末	12月末	3月末	
	残高（兆円）	1,852	1,855	1,889	1,816	1,871	1,890	1,933	1,946	
1	金融資産計	▲0.8	▲1.3	2.8	▲1.7	1.0	1.9	2.3	7.1	1,946（100.0）
2	現金・預金	1.9	1.7	2.3	2.1	4.1	5.0	4.9	5.5	1,056（ 54.3）
3	債務証券	3.6	5.7	5.6	5.4	5.1	2.2	2.0	▲0.0	26（ 1.4）
4	投資信託	▲3.5	▲4.4	11.3	▲11.2	▲1.5	2.5	5.9	33.9	84（ 4.3）
5	株式等	▲16.6	▲17.7	7.3	▲22.4	▲11.9	▲9.2	▲5.0	32.1	195（ 10.0）
6	保険・年金・定型保証	0.6	0.2	0.8	▲0.4	0.3	0.3	0.4	1.3	533（ 27.4）
7	うち保険	1.0	0.6	0.9	▲0.1	0.1	0.1	0.2	1.1	377（ 19.4）
8	その他	3.4	0.4	3.8	▲1.4	▲2.0	▲2.7	▲5.1	▲1.6	52（ 2.7）

（前年比（%））

出所：日本銀行統計局「2021年第1四半期の資金循環（速報）（2021年6月25日）」

「現金・預金に次いで，保険が19.4%と多いね」

「社会人になると，当たり前のように生命保険に加入しますよね。新人の頃は給料が低いので，生活はカツカツです…」

　現金・預金と保険を合わせると，なんと金融資産の73.7%を占めることになります。なお，図表序－1の金融資産残高に，不動産は含まれていません。

「現金・預金と保険に不動産（マイホーム）を加えたものが，日本人の典型的な資産ポートフォリオだね」

「不動産は金額が大きいので，一般の家庭では，資産の大部分が不動産，残りが貯金と保険といったイメージですね」

　家計調査報告（総務省統計局：令和3年5月18日）によると，1世帯あたりの貯蓄現在高は1,791万円，貯蓄保有世帯の中央値は1,061万円。3,000万円のマイホームを保有しているとすると，概ね資産の60〜70％を不動産が占める計算になります。

「日本人の多くは，無意識のうちに，不動産投資家になっているんだよ。この偏った資産ポートフォリオは，日本人のお金のカルチャーを如実に物語っているね」

「貯金・保険・マイホームって，アリの生き方そのものですね！」

2　老後資金2,000万円問題

「ニュースで老後資金が2,000万円足りないって騒がれていましたよね。現役時代にアリのように真面目に働いていても，キリギリスのような老後が待っているなんて，想像したら夜も眠れません…」

「老後資金2,000万円問題だね」

　図表序−2は，年代別の老後不安と，世代別の老後の備えについてのアンケート調査です。世代別に，「現在の金融資産額（平均額）」から「老後の備えとして十分な金融資産と自ら想定している金額」を控除した差額が

4

▶図表序－2

| | 年代別の老後不安 | | | | | 世代別の老後への備え | | | |

20代	30代	40代	50代	60〜70代
1．お金	1．お金	1．お金	1．お金	1．健康
2．認知症	2．健康	2．健康	2．健康	2．認知症
3．自らの介護	3．認知症	3．認知症	3．認知症	3．自らの介護
4．健康	4．自らの介護	4．自らの介護	4．自らの介護	4．お金
5．両親の介護	5．両親の介護	5．両親の介護	5．配偶者の介護 5．両親の介護	5．配偶者の介護

	現在の金融資産額（平均額）	老後の備えとして十分な金融資産と自ら想定している金額	差額
20代	244万円	2,333万円	▲2,089万円
30代	494万円	2,906万円	▲2,412万円
40代	780万円	3,093万円	▲2,313万円
50代	1,132万円	3,424万円	▲2,293万円
60〜70代	1,830万円	3,553万円	▲1,724万円

出所：金融審議会市場ワーキンググループ報告書（令和元年6月3日）

概ね2,000万円程度であることから，「老後資金2,000万円問題」と呼ばれています。この調査では，年代別の老後不安の1位は，「20代〜50代」で「お金」，「60代〜70代」で「健康」となっています。

「世代が上がるほど，『現在の金融資産額（平均額）』が多くなるにもかかわらず，『老後の備えとして十分な金融資産と自ら想定している金額』が増える点が興味深いね」

「若い世代は，まだ他人事なのでしょうね」

　図表序－2の結果は，年齢とともに，老後の生活が現実的な問題になることを示しています。定年退職後，多くの家庭では収入より支出が増え，貯蓄は日々減っていきます。年々，平均寿命が延びていることも，老後資金の不安要因となっています。

「結果として，老後は財布の紐がきつくなり，多くの人が財産を残して亡くなることになる」

「財産を残して亡くなるということは，実際のところ，老後資金は足りているんじゃないですか？」

　図表序－3のとおり，令和元年分に亡くなった方1,381,093人に対して，相続税の申告書を提出した人は115,267人。つまり，8.3%の人が財産を相続したことになります。

▶図表序－3　相続税の申告書類

項目　年分等		平成30年分	令和元年分	対前年比
①	被相続人数（死亡者数）	人 1,362,470	人 1,381,093	% 101.4
②	相続税の申告書の 提出に係る被相続人数	外 33,140 116,341	外 32,534 115,267	外 98.2 99.1
③	課税割合 （②／①）	% 8.5	% 8.3	ポイント ▲0.2
④	相続税の納税者である 相続人数	人 258,498	人 254,517	% 98.5
⑤	課税価格	億円 外 17,362 162,360	億円 外 16,644 157,843	% 外 95.9 97.2
⑥	税額	億円 21,087	億円 19,754	% 93.7
⑦	被相続人1人当たり　課税価格 （⑤／②）	万円 外 5,239 13,956	万円 外 5,116 13,694	% 外 97.6 98.1
⑧	被相続人1人当たり　税額 （⑥／②）	万円 1,813	万円 1,714	% 94.6

出所：国税庁「令和元年分 相続税の申告実績の概要（令和2年12月）」

　因みに，相続財産（現金や不動産から借金などのマイナスの財産を控除した金額）が基礎控除（3,000万円＋600万円×法定相続人）以内であれば，相続税の申告は不要です。例えば，相続人が1人であれば3,600万円（3,000万円＋600万円×1人），2人であれば4,200万円（3,000万円＋600万円×2人）まで，相続税がかかりません。

「最低でも，3,600万円まで相続税がかからないことを考えると，財産を残して亡くなる方は，8.3％よりもかなり上振れするんじゃないかな」

　ところで，日本人の資産ポートフォリオの大部分を占めていたのが不動産でした。

「高齢になって，財産がマイホームのみだと，生活費に困ることになるよね」

「マイホームを売却して生活資金にするという選択肢もありますが，高齢になると，マイホームを売るのは躊躇してしまいます。老後資金の不安は依然として残ります」

　金融審議会市場ワーキンググループ報告書では，老後資金の対処法として，①現役で働く期間を延ばす，②生活費の節約，③若いうちから少しずつ資産形成に取り組む，の3つを挙げています。

「将来の老後のために，若いときの楽しみを犠牲にして，なおかつヨボヨボになるまで働くなんて，夢も希望もありませんね…」

「そんなに悲観することはないよ。これは，あくまでマクロ，つまり社会全体の話。家庭によって，世帯収入も家族構成もライフスタイルもさまざまなので，それぞれの実情に応じて適切に対処すれば，自分次第でどうにでも変えることができるよ」

　世帯収入1,000万円と500万円の家庭では，家計は全く異なります。また，年収500万円でも，４人家族（夫婦＋小学生の子供２人）の場合と，独身で実家暮らしの人では，可処分所得が大きく異なります。つまり，それぞれの状況にあったお金の遣い方をすればよいのです。

3　純金融資産に応じた５分類

「ところで，富裕層というと，どういう人を思い浮かべるかな？」

「漠然と，プライベートジェットで世界中を飛び回っているような大金持ちというイメージです」

　野村総合研究所の調査レポートでは，世帯の純金融資産（預貯金，株式，債券，投資信託，一時払い生命保険や年金保険）の保有額に応じて，超富裕層（５億円以上：0.2％），富裕層（１億円以上５億円未満：2.3％），準富裕層（5,000万円以上１億円未満：6.3％），アッパーマス層（3,000万円以上5,000万円未満：13.2％），マス層（3,000万円未満：78.0％）の５つに分類しています。

「全体の78.0％を占めるマス層が圧倒的に多いですね」

▶図表序－4　マーケットの分類（世帯の純金融資産保有額）

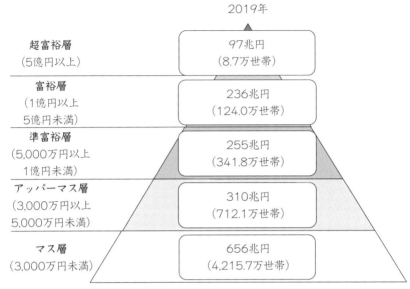

2019年

超富裕層 （5億円以上）	97兆円 （8.7万世帯）
富裕層 （1億円以上 5億円未満）	236兆円 （124.0万世帯）
準富裕層 （5,000万円以上 1億円未満）	255兆円 （341.8万世帯）
アッパーマス層 （3,000万円以上 5,000万円未満）	310兆円 （712.1万世帯）
マス層 （3,000万円未満）	656兆円 （4,215.7万世帯）

出所：株式会社野村総合研究所（2020年12月21日）

「純金融資産に不動産は含まれていないので，持家率が高い日本ではマス層が多くても不思議ではないよね。ところで，マス層について気がついた点はないかな？」

　金融資産が3,000万円未満ということは，老後資金2,000万円問題に直面しているのは，マス層ということでしょうか？

「マス層でも，住宅ローンを完済している世帯では，標準的なマス層より生活にゆとりがあるかもしれない。一方，アッパーマス層でも賃貸の場合，定年退職後は，マス層より生活にゆとりがなくなってしまうケースも考えられるね」

「マス層とアッパーマス層を足すと91.2％になります。"老後資金2,000万円問題"が，あれほど世間に衝撃を与えたのはこのためですね！」

「老後資金2,000万円問題」と言われていますが，実際のところ，どれだけ不足するのか，12章で詳しくみていきましょう。

4　お金は投資しよう

「いざというときのための備えは必要だけど，若いときは積極的に自己投資していくべきだね」

「資格や語学への自己投資は，収入増につながりますよね」

　資格や語学などの勉強だけでなく，旅行，文化，新しいテクノロジーに触れたりするのも，立派な自己投資です。アリとキリギリスの物語では，アリの堅実さ，キリギリスの無計画が強調されていますが，貯蓄するだけの生き方が必ずしも正しいわけではありません。

「資産形成についても学んだ方がいいね。投資は時間を味方にするものだから，若いうちから，少しずつはじめていこう」

「投資というと，ちょっと怖いイメージがあります」

　学校では，お金について学ぶ機会がありません。投資は，怪しいもの，怖いものだという先入感を持っている人が多いのはこのためです。もちろん，ギャンブルのようにのめりこんでしまうのは問題ですが，労働収入の

みで資産形成をするには限界があります。また，怪しい儲け話にひっかからないためにも，投資の知識を身につけておいて損はありません。

「最近，老後資金を蓄えることをうたった，副業や投資が注目を集めているよね」

「給料がなかなか上がらないので，副業や投資で収入を増やしたいという気持ちは，よ～く分かります」

「たしかに，収入が増えれば安心だよね。でも，老後の安心のためだけではなく，現在の生活を豊かにして，結果，老後も安心できれば，それに越したことはないよね」

「そうですね！」

「そうと決まれば，日々の暮らしの中からお金との接し方について学ぶ必要があると思う」

「これまでは，お金というと，額に汗水流して働いて，しっかり貯金するのが当たり前だとばかり思っていました」

「お金との接し方は，お金の遣い方と言い換えても良いかもしれない。では，次の章からお金の遣い方について学んでいこう！」

1章

これだけは知っておきたい
「会計」のはなし

1 簿記のはなし

お金について学ぶとき，身につけておきたいのが会計の知識です。なかでも，簿記の知識は，家計簿をつけたり，資産や負債を把握するのに役立ちます。会計や簿記というと，ちょっと身構えてしまいますが，基礎さえ身につければ十分です。お金と上手に付き合っていくため，会計の基礎知識を学んでいきましょう。

「簿記って聞いたことあるかな？」

「簿記3級の勉強をしたことがあって，"し～くり，くりし～"っていうのが意味不明で挫折してしまいました。今では簿記と聞くだけで鳥肌がたってしまいます…」

簿記の初学者が躓いてしまう原因の1つが，「し～くり，くりし～」という謎の呪文。これは，「仕入／繰越商品，繰越商品／仕入」という，売上原価を計算するための仕訳です。

「売上原価と言われても，商売をしていないとピンとこないよね。簿記では重要な仕訳だけど，ここでは必要ないので安心しよう」

「簿記って，経理に必要な知識ですよね。そもそも，学生や経理の仕事をしていない人も知っておく必要があるのでしょうか？」

　会計事務所や経理の仕事では，簿記の知識は必須ですが，職種によっては，簿記に馴染みがない人も多いのではないでしょうか。

「簿記は，学生や営業マン，家計の管理まで，幅広く役立つ知識だよ。簿記検定を取得する必要はないけど，お金の流れをマスターするのに非常に便利な複式簿記の仕組みは，ぜひ理解してもらいたいなぁ」

「複式簿記っていう言葉だけで眩暈がしそうです…」

「できるだけシンプルに説明するから，身構えず気楽にいこう！」

　この本の目的は，会計を学ぶことではありません。お金の流れを知る手段として，会計の基礎知識を身につけることが目的なので，ざっくりしたイメージで説明します。

　もし，簿記について，もっと専門的に勉強したいと思ったら，ぜひ簿記3級から始めてみてください。簿記の魅力にはまってしまうかもしれませんよ。

2　損益計算書と貸借対照表

「損益計算書と貸借対照表という言葉を聞いたことはないかな？」

「う～ん，"半沢直樹"や"下町ロケット"で聞いたような気がしますが，実際のところ，どんな書類なのか知りません」

　損益計算書と貸借対照表は，一般的に「決算書」と呼ばれている書類の一部です。この「決算書」は会計の専門用語としては「財務諸表」といいます。「諸表」というくらいですから，１つではないのですが，その主たるものが，損益計算書や貸借対照表です。ここでは，この２つを取り上げます。

「損益計算書は，収支を計算した報告書のことで，会社経営の成績表のようなイメージなんだよ。例えば売上が1,000円，経費が700円だったら利益は300円になるよね。」

▶図表１－１　損益計算書のイメージ

（単位：円）

売上	1,000
費用	700
利益	300

　損益計算書は，売上から費用を引いて利益を計算した報告書で，P/L（Profit and Loss Statement）とも呼ばれています。

「貸借対照表は，財産の状況を記載した報告書のことで，会社の財務状況を知ることができるんだよ。例えば，資産が500円，負債が300円だと純資産は差し引き200円になるよね。」

▶図1－2　貸借対照表のイメージ

（単位：円）

	負債 300
資産 500	純資産 200

貸借対照表は，ハコの左側に資産，右上に負債，右下に純資産を記載するルールになっています。会社の財務状況を表した報告書で，B/S（Balance Sheet）とも呼ばれています。左側の資産500円と，右上の負債300円と純資産200円の合計500円が一致するのが特徴です。資産，負債には次のようなものがあります。

資産：現金，預金，土地，建物，車，株など資産性があるもの
負債：借金（住宅ローン，オートローン，リボ払い等）のように返済，支払
　　　い義務があるもの

「損益計算書と貸借対照表は，それぞれ単独で作成されるのでなく，連動しているんだよ。図表1－1と図表1－2の例でいうと，利益300円は資産（現金）になるよね。300円稼いだことにより，資産が500円から800円に増える。そうすると，純資産も500円に増えるよね」

「なるほど，パズルみたいで面白いですね！」

「損益計算書と貸借対照表が連動していることから，複式簿記と呼ばれているんだよ」

▶図表1－3　損益計算書と貸借対照表の連動のイメージ

(単位：円)

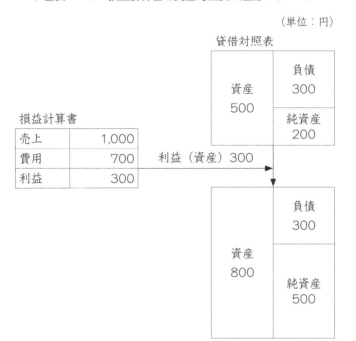

3　家計簿への応用

家計簿のように，給料から生活費を引いた収支計算だけの帳簿を単式簿記と言います。

「会社の場合，勘定科目（現金，預金，土地…といった項目）が多いので複雑になるけど，家計に応用するには，この基本さえ覚えておけば問題ないかな」

「家計簿は，収支計算が目的なので，普通は単式簿記ですよね？」

複式簿記を，家計の管理に応用する必要はあるのでしょうか？

「サラリーマンを例に説明しよう。損益計算書は，収支の計算書
と説明したよね。家計にあてはめると，売上は給料，費用は生活
費，利益は貯金というイメージになるよね」

サラリーマンの場合，給料から生活費を引いた残りが貯金になり，毎月

▶図表1－4　家計の損益計算書のイメージ

（単位：円）

収入	
給料	300,000
社会保険料	43,000
源泉所得税	7,000
手取り	250,000

生活費	
家賃	80,000
水道光熱費	15,000
食費	30,000
被服費	10,000
通信費	10,000
医療費	3,000
交通費	10,000
娯楽費	30,000
合計	188,000

貯金	
手取り	250,000
生活費	188,000
貯金	62,000

蓄財されていきます。2章で説明しますが，給料からは，社会保険料や税金が控除されます。

　生活費は，家賃，水道光熱費，食費，被服費，通信費（携帯代金など），医療費，交通費，娯楽費，学費，習い事費用など多岐にわたり，家族構成によって項目や比重が異なります。

「貸借対照表は，財産の状況を表した報告書だったよね。家計にあてはめると，資産は貯金，自動車，不動産（土地・建物），株など。換金価値の高い宝飾品も入れていいね。負債は，住宅ローンやオートローンなどの借金で，リボ払いが溜まっている場合は，必ず計上しておこう」

▶図表1－5　家計の貸借対照表のイメージ

（単位：円）

現金	500,000	住宅ローン	32,000,000
貯金	1,500,000	オートローン	1,500,000
株式	1,000,000	リボ未払金	300,000
車両	2,000,000	負債合計	33,800,000
土地	15,000,000		
建物	20,000,000	純資産	6,200,000
合計	40,000,000	合計	40,000,000

「マイホームを購入すると，資産，負債とも膨れ上がるのが分かると思う。図表1－5の家庭は，資産が4,000万円なので，一見お金持ちと錯覚してしまうけど，借金が3,380万円あるので，資産から負債を差し引いた純資産は620万円となり，お金持ちとは程遠いよね」

　ちょっと話がそれますが,「不動産投資で資産10億円」というような煽り文句を耳にすることがあると思います。たとえ不動産の価値が10億円でも, フルローン, つまり全額借金で購入すると, 資産, 負債ともに10億円になるので, 純資産は0円, つまり不動産を処分したら何も手元に残らないどころか, 手数料でマイナスになってしまいます。

▶図表１−６　10億円の不動産を借金10億円で保有した場合の
　　　　　　貸借対照表のイメージ

資産 （不動産） 10億円	負債 （借金） 10億円

　もし, 不動産の価値が大きく値下がりしてしまうと, 負債が資産を上回ってしまいます。この状態を債務超過と言います。

> 資産 ＜ 負債 ＝ 純資産がマイナス → 債務超過！

「不況による収入減や, 失業によって, 住宅ローンの返済が苦しくなり, 最終的にマイホームを手放さざるを得ないことがあるかもしれない。もし, 債務超過のときに不動産を売却すると, 借金だけが残ってしまう。夢のマイホームのはずが, 手元にないマイホームの借金を返済し続けなければならない」

「マイホームは, 長く住み続けることが前提とはいえ, 売却することも想定しないといけませんね。家計簿では, このようなリスクに気づけません」

▶図表１−７　不動産の価値が値下がりして債務超過になった場合の
　　　　　　　貸借対照表のイメージ

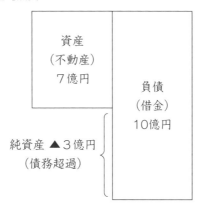

単式簿記の家計簿では，家計の財務状況を把握することができません。資産ポートフォリオを把握するためにも，複式簿記の家計簿をつけることをお勧めします。会計ソフトを使えば，自動的に損益計算書と貸借対照表を連動してくれるので，難しいことはありません。ただし，記帳する項目が，収入，費用，資産，負債のいずれに該当するかを理解しておく必要があるので，会計の知識が役立つのです。

2 章

給料はどこに消えた？

　社会人になってはじめての給料，銀行口座に振り込まれた金額が思っていたより少なくて，ビックリしたのではないでしょうか？

　慌てて給与明細を確認すると，なんだかごちゃごちゃ引かれています。そう，これが「手取り」というやつで，自由に遣えるお金です。

1　給与額面と手取り

「1 章でちょっと触れた，手取りについて詳しくみていこう」

「自由に遣えるお金は，給料の額面でなく，手取りだったんですね。給料からいろいろと引かれていますが，実はよく分かっていませんでした」

「給与明細には，支給，控除，差引支給額の欄があるよね。給料日に銀行に振り込まれる金額は，支給額の合計 "総支給金額" から控除額の合計 "控除支給額" を引いた "差引支給額" になる。手取りと呼ばれているのは，この差引支給額ということだね」

> 総支給金額－控除支給額＝差引支給額（手取り）

　支給欄には基本給の他に，時間外手当，通勤手当，住宅手当などの各種

手当が記載されています。支給欄はサラリーマンにとって，嬉しい金額ですが，憎たらしいのが控除欄で，社会保険料と税金が記載されています。社会保険料は健康保険，介護保険，厚生年金，雇用保険。税金は所得税と住民税です。

社会保険：健康保険，介護保険，厚生年金保険，雇用保険
税金　　：所得税，住民税

▶図表2－1　給与明細のサンプル

		自	1	月	1	日		日
出勤日数		至	1	月	31	日	31	
欠勤日数								日
出勤時間					時			分
時間外勤務					時			分
支給額	基本給					300,000		円
	残業手当							円
	深夜残業							円
	休日出勤							円
	通勤費					10,000		円
	合計					310,000		円
控除額	健康保険					14,760		円
	厚生年金					27,450		円
	雇用保険					930		円
	介護保険							円
	所得税					8,420		円
	住民税					13,300		円
	合計					64,860		円
総支給額						310,000		円
控除支給額						64,860		円
差引支給額						245,140		円

2　健康保険と国民健康保険

■サラリーマンのケース

　「病院で診察を受けるとき，健康保険証を持っていくよね。健康保険に加入していると，70歳未満は医療費が3割負担，70歳以上は年齢と所得に応じて1～3割を負担する」

　「保険証を忘れてしまい，窓口で全額自己負担したことがありますが，医療費の高さに驚きました」

▶図表2−2　健康保険の仕組み

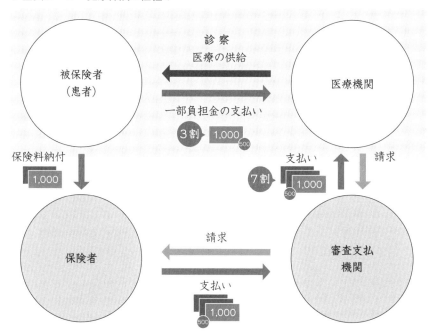

出所：日本医師会ホームページ

　健康保険の被保険者は，実際の医療費の全額を支払っているわけではありません。70歳未満は3割負担，つまり，病院の窓口で1,500円支払った場合，実際の医療費は5,000円（5,000円×30%＝1,500円）ということになります。

「差額の7割である3,500円は，毎月保険を支払っている健康保険組合が負担しているんだよ」

「給料から引かれている健康保険料は，このためなんですね。病院に通うことがないと，ちょっと損した気分ですが，病気や怪我で通院が続いてしまうリスクを考えたら，やむを得ないですね」

　保険証を忘れてしまったとき，一時的に窓口で全額自己負担することになりますが，差額の7割は後から返金されるので，返金手続きを忘れないようにしましょう。

「40歳〜64歳までは，併せて介護保険料を負担することになる。これは，65歳から訪問介護やデイサービス，ショートステイなどの介護サービスを受けるための制度なんだよ」

「40歳になったら保険料の負担が増えてしまうのですね。子供の学費や住宅ローンの返済など，人生で一番お金がかかりそうな頃に，さらに手取りが減ってしまうのは痛いですね」

　ところで，健康保険料は，給料から天引きされてしまうので，あまり意識しないかもしれませんが，どのくらい負担しているのでしょうか？

▶図表2－3　令和3年3月分（4月納付分）からの健康保険・厚生年金保険の保険料額表

・健康保険料率：令和3年3月分〜　適用　　・厚生年金保険料率：平成29年9月分〜　適用
・介護保険料率：令和3年3月分〜　適用　　・子ども・子育て拠出金率：令和2年4月分〜　適用

（東京都）　　　　　　　　　　　　　　　　　　　　　　　　　　　　　　　（単位：円）

標準報酬		報酬月額		全国健康保険協会管掌健康保険料				厚生年金保険料（厚生年金基金加入員を除く）	
				介護保険第2号被保険者に該当しない場合		介護保険第2号被保険者に該当する場合		一般、坑内員・船員	
等級	月額			9.84%		11.64%		18.300%	
				全額	折半額	全額	折半額	全額	折半額
		円以上	円未満						
1	58,000	〜	63,000	5,707.2	2,853.6	6,751.2	3,375.6		
2	68,000	63,000 〜	73,000	6,691.2	3,345.6	7,915.2	3,957.6		
3	78,000	73,000 〜	83,000	7,675.2	3,837.6	9,079.2	4,539.6		
4 (1)	88,000	83,000 〜	93,000	8,659.2	4,329.6	10,243.2	5,121.6	16,104.00	8,052.00
5 (2)	98,000	43,000 〜	101,000	9,643.2	4,821.6	11,407.2	5,703.6	17,934.00	8,967.00
6 (3)	104,000	101,000 〜	107,000	10,233.6	5,116.8	12,105.6	6,052.8	19,032.00	9,516.00
7 (4)	110,000	107,000 〜	114,000	10,824.0	5,412.0	12,804.0	6,402.0	20,130.00	10,065.00
8 (5)	118,000	114,000 〜	122,000	11,611.2	5,805.6	13,735.2	6,867.6	21,594.00	10,797.00
9 (6)	126,000	122,000 〜	130,000	12,398.4	6,199.2	14,666.4	7,333.2	23,058.00	11,529.00

出所：全国健康保険協会

「サラリーマンの場合，健康保険料は標準報酬月額の概ね9％〜10％，介護保険料は約1.8％。これを労使折半，つまり会社と従業員が半分ずつ負担することになる。介護保険料を含めると従業員の負担は5.4％〜6.0％くらいのイメージかな」

　保険料の料率は，勤務先が加入している健康保険組合により異なります。また，会社と従業員が折半することになるので，給料から引かれる保険料は，総額の半分です。標準報酬月額は，原則として毎年1回，4月〜6月に支給された報酬の平均額を基に決定されます。

「図表2－3のとおり，例えば給料が10万円の場合，等級5（2）に該当するので，40歳未満で介護保険料がない場合，健康保険料

4,821.6円が給料から天引きされる。後述する厚生年金保険料も労使折半で，8,967円が引かれるんだよ」

※　等級5（2）の（　）内は厚生年金保険の標準報酬月額等級です。

　サラリーマンの場合，条件を満たせば扶養家族（配偶者や子供）の保険料を支払う必要がありません。この点は，フリーランスより有利といえるでしょう。

■フリーランス

「サラリーマンと異なり，フリーランスは，健康保険料を全額自分で支払うことになる」

「フリーランスは給料がないですもんね。うっかり忘れて，滞納しないよう気をつけないといけないですね」

　フリーランスは，国民健康保険に加入します。確定申告書を基に，医療分，後期高齢者支援金分，介護分保険料を計算して，その合計金額を支払います。なお，フリーランスでも法人を設立して，役員報酬を受け取る場合は，サラリーマンと同じく，役員報酬から天引きされ，半額を会社が負担します。ただし，社長ひとりの会社の場合，実質的に同じ財布からお金が出ていくことなるので，一概にどちらが有利ということはできません。

「国民健康保険料は，計算式が複雑で分かりづらいですね」

「実際の計算は，役所がしてくれるので心配する必要はないよ。もし，資金繰りが気になる場合，確定申告書をもとに概算してみよう」

　国民健康保険の料率は市区町村によって異なります。図表2－4は東京都渋谷区の令和3年度（令和3年4月～令和4年3月まで）の計算方法です。

▶図表2－4

医療分保険料
均等割額＝38,800円
所得割額＝所得割算定基礎額×7.13％
世帯限度額＝630,000円
後期高齢者支援金分保険料
均等割額＝13,200円
所得割額＝所得割算定基礎額×2.41％
世帯限度額＝190,000円
介護分保険料（40歳から64歳の加入者のみ）
均等割額＝17,000円
所得割額＝所得割算定基礎額×2.36％
世帯限度額＝170,000円
（注）所得割算定基礎額は，令和2年の年間収入から必要経費（給与所得控除，公的年金控除を含む）を差し引いた所得金額から基礎控除（43万円）した金額です。

出所：渋谷区ホームページ

「均等割額は原則として負担する金額で，40歳未満は年額52,000円（38,800円+13,200円），40歳以上は介護分保険料17,000円を加えた年額69,000円は最低でも支払うことになる。ただし，所得水準に応じて，"7割軽減"，"5割軽減"，"2割軽減"される軽減制度があるんだよ」

「儲かった翌年の業績が悪いと，支払いが厳しいですね」

3 厚生年金保険と国民年金

「年金制度は複雑で分かりづらいけど，人生設計を考えるうえで絶対に目を逸らせない。サラリーマンは厚生年金保険，フリーランスは国民年金に加入するんだけど，2つの制度が絡み合っているのが，分かりづらい原因になっているので，1つ1つ繙いていこうか」

「頑張ってついていきます！」

　年金制度は3階建てになっていて，1階は国民年金，2階は厚生年金保険，3階は企業年金で構成されています。

▶図表2－5　年金の3階建てのイメージ・1

【1階部分】

国民年金（基礎年金）：フリーランスが加入

加入者：20歳以上60歳未満の全て

保険料：月額16,610円（令和3年度：令和3年4月～令和4年3月まで）

【2階部分】

厚生年金保険（被用者年金）：サラリーマンが加入

加入者：厚生年金保険に加入している会社に勤務する会社員で70歳未満の一定の人

保険料：標準報酬月額（標準賞与額）×保険料率

【3階部分】

企業年金：サラリーマンが加入

確定給付型年金（DB），厚生年金基金，企業型確定拠出年金（DC）

「サラリーマンは厚生年金保険，フリーランスは国民年金の加入者となる」

国民年金の加入義務は，20歳以上60歳未満。学生や無職でも20歳になったら加入義務があります。就職したときに国民年金を脱退して，厚生年金保険に加入します。また，サラリーマンを辞めたとき，厚生年金保険を脱退して，国民年金に再加入することになります。

▶図表2-6　国民年金，厚生年金保険加入の流れ

「1階部分は，フリーランスが加入する国民年金ですよね。サラリーマンの厚生年金保険は，なぜ2階部分になるんですか？」

「厚生年金保険は，加入者に代わって国民年金に必要な負担をしているんだよ。つまり，サラリーマンは実質的に国民年金にも加

入していることになる」

　サラリーマンの加入する厚生年金保険の方が，フリーランスが加入する
国民年金と比べて，老後の年金が手厚いのはこのためです。

「う～ん，サラリーマンの方が有利ですね」

「３階部分の企業年金は，勤務先によるって変わってくる。大企
業は企業年金に加入していることがあるけど，中小・零細企業で
は加入していないことも珍しくない」

「将来年金なんてもらえないと決めつけず，就職先を決めるとき
には，きちんと確認しておきたいですね」

　それにしても，１階部分だけのフリーランスの老後は，寂しいものにな
りそうで心配です。

「フリーランスの２階部分を保障するため，国民年金基金という
制度があるんだよ。掛金や加入口数に応じて，将来，国民年金と
は別に受給することができる仕組みになっている」

▶図表２－７　年金の３階建てのイメージ・２

	個人型確定拠出年金（iDeCo）	
３階部分	（国民年金基金）	企業年金
２階部分		厚生年金保険
１階部分	国民年金	
	フリーランス	サラリーマン

【2階部分】

国民年金基金：フリーランスが任意で加入

掛金：給付の型，加入口数，加入時の年齢，性別により異なる。

　　　上限は月額68,000円。

　　「掛金次第では，サラリーマンの老後と変わらない年金を期待できそうですね」

　　「また，サラリーマン，フリーランスともに，iDeCo（イデコ）と呼ばれる，個人型確定拠出年金に任意加入することができる」

　iDeCoは，自分で掛金を設定して運用するので，運用結果によっては元本割れしてしまうリスクがあります。サラリーマンは，加入している企業年金の種類によって，掛金の上限が変わってきます。

【3階部分】

iDeCo　　　　：サラリーマン・フリーランスが任意で加入

加入者　　　　：20歳以上60歳未満（例外あり）

掛金上限　　　：フリーランス　　　　68,000円/月

　　　　　　　：専業主婦（夫）　　　23,000円/月

　　　　　　　：サラリーマン　　　　12,000円〜23,000円/月

受給開始年齢：60歳〜65歳（加入期間による）

※掛金は5,000円/月から，1,000円単位で設定

　　「ちょっと複雑そうですね。普通の株式投資と何が違うのですか？」

「iDeCoの大きなメリットは，税制上の優遇措置が講じられているところかな」

　iDeCoの税制上の優遇措置は，次の3点になります。
①　掛金が全額所得控除
　掛金の全額が所得控除の対象となります。所得税（累進課税）が15%，住民税が10%，毎月の掛金が1万円（年12万円）の場合，3万円の税金が軽減されます。

　12万円（掛金年額）×25%（所得税15%＋住民税10%）＝3万円

②　運用益が非課税
　上場株式の配当には20.315%（源泉分離課税の場合）が課税されますが，非課税で再投資されます。

③　受領時の課税
　受取方法を，年金か一時金の選択をすることができ，下記控除の対象となります。
　年　金：公的年金等控除（年齢及び年金額に応じた額が所得から控除）
　一時金：退職所得控除

「税制上の優遇措置は大きなメリットですが，長期間，資金が寝てしまうのが難点ですね」

「良いところに気づいたね。生活費との兼ね合いで，無理のない掛金を設定しよう」

　ところで，やっぱり気になるのは，将来，いくら年金を受け取ることが

できるのかですね。

「日本年金機構によると，令和3年度の月額は，国民年金（老齢基礎年金）は満額で65,075円，厚生年金（夫婦2人分の老齢基礎年金を含む標準的な年金額）は220,496円。ここに，国民年金基金や企業年金，iDeCoが上乗せされるイメージかな」

　一般的に年金というと老齢年金のことで，65歳から受け取ることができます。老齢年金は，「老齢基礎年金」と「老齢厚生年金」に分けられ，前者は「国民年金」，後者は「厚生年金保険」に対応しています。国民年金の加入者が受け取るのが老齢基礎年金，厚生年金保険の加入者は老齢基礎年金に上乗せして老齢厚生年金を受け取ることができます。

▶図表2-8　老齢年金の分類

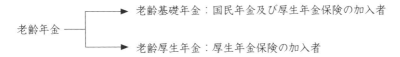

老齢年金 ─┬─→ 老齢基礎年金：国民年金及び厚生年金保険の加入者

　　　　　└─→ 老齢厚生年金：厚生年金保険の加入者

▶図表2-9

自営業・フリーランス等の方　　　　会社員等の方

出所：国民年金基金ホームページ

4 雇用保険

「雇用保険で最も馴染みがあるのが基本手当。失業したときに一定期間支給される手当のことで，失業給付と言った方が分かりやすいかもしれないね」

　給料から，シレっと引かれている雇用保険。在職中にお世話になることは少ないですが，いざ，失業したとき，その有(ありがた)難みを実感します。

「失業してしまっても，再就職までの一定期間を凌(しの)げるので，失業給付は心強いです。フリーランスは，事故や病気で働けなくなってしまっても，何の保障もないですからね」

「正社員から業務委託へ，雇用形態の移行を推進する会社が増えてきたけど，業務委託は雇用保険の対象外になってしまうから要注意だね」

　業務委託は，個人事業主になるため，契約を切られてしまっても失業給付は支給されません。勤務先以外の仕事を増やしていくなど，積極的な事情がなければ，安易に業務委託を選択しない方が賢明かもしれません。

「失業給付の支給を受けるには，"失業の状態"にあることが要件になっている」

　「失業の状態」とは，「就職する意思・能力があるにもかかわらず，職業に就くことができない」状況です。結婚を機に専業主婦になる場合や，しばらく休養する場合は受給要件を満たしません。

「サラリーマンで，副業をしていても問題ないですか？」

「副業の程度にもよるかな。ちょっとしたアルバイト程度だったら問題ないけど，税務署に開業届を出して本格的に事業を行っているなら，受給要件を満たさないことになってしまうね。ネットでの転売や不動産投資も規模によっては注意が必要だね」

　サラリーマンの副業が珍しくなくなってきましたが，失業給付に影響する点は見落とされてしまいがちです。副業を始めるときは気を付けましょう。

5 税 金

　さて，次はお待ちかねの税金です。

「税金って嫌な響きですね」

「給料から天引きされてしまうのは痛いけど，みんなが安心して暮らしていくためにも，社会にとっては必要だよね」

　税金は，国や地方公共団体が提供する公共サービスや公益施設の財源となり，国民生活を支えています。例えば，小学校，公園，交番，市役所，ごみ処理施設などは税金で運営されています。

　税金は，会社が支払う法人税，個人が支払う所得税や住民税，買い物をするときに支払う消費税，酒税，たばこ税，相続税や贈与税など多岐にわたり，税率も納付方法も異なります。たばこは税負担が重い商品で，一般的な紙巻たばこは約6割。愛煙家は税金を吸っていると言っても過言ではありません。

「税金にはさまざまな種類があるけど，ここでは，給料から天引きされる所得税と住民税についてみていこう」

■所得税

「所得税は，個人の所得に対して課税される税金で，税率は5％〜40％。所得が増えると税率が高くなるので，累進課税と呼ばれているんだよ」

「つまり，給料が増えれば，税金も増えるということですね」

　所得税は，給料を基に計算した，「課税される所得金額等」に税率を乗じて計算します。計算方法は，図表2−10〜2−12のイメージです。

　サラリーマンであれば給料，フリーランスであれば売上を，「収入金額等」といいます。ここから，給与所得控除や経費を引いて「所得金額等」を算出し，所得控除を差し引いて，「課税される所得金額等」を計算します。所得控除は，基礎控除，社会保険料，生命保険料，医療費，寄附金など。大人気のふるさと納税は，寄附金に該当します。

（サラリーマン）
所得金額等：給料−給与所得控除
課税される所得金額：所得金額等−所得控除

（フリーランス）
所得金額等：売上−経費
課税される所得金額：所得金額等−所得控除

　例えば年収500万円のサラリーマンの所得税の計算は次のイメージです（所得控除等は考慮外とする）。

① 給与　　　　　　　　：5,000,000円

② 給与所得控除額：5,000,000円×20％＋440,000円＝1,440,000円

③ （5,000,000円－1,440,000円）×20％－427,500円＝284,500円

「毎年年末，会社に緑色の用紙と一緒に生命保険の資料を提出するのは，所得控除のためですね」

「緑色の用紙は，“給与所得者の扶養控除等（異動）申告書”のことだね。生命保険会社から送付されてくる，生命保険の控除証明書も一緒に提出するので，無くさないように保管しておこう」

　毎月の給料から天引きされる所得税は，概算金額なので，年末に，実際に1年間に支払われた給料と賞与を基に，再計算します。再計算の結果，払い過ぎていた場合は還付，少なかった場合は納付となり，12月の給料で調整されます。この手続きを，「年末調整」といいます。

「年末調整は，仮払いの所得税を精算するための手続きなんだよ。12月の給与がいつもより少ない人は，臨時的な給与があった可能性が高いので，きっとボーナスが多かったんだろうね。なので，還付がなかったと騒ぐと，詳しい人に，ボーナスが多かったことがバレてしまうから，大人しくしていようね（笑）」

　給与所得のみのサラリーマンで，医療費控除や住宅ローン控除の適用を受けない場合，確定申告をする必要がないので，年末調整で税金の手続きが完結します。

「サラリーマンが確定申告と無縁なのは，勤務先が年末調整の手続きを行ってくれているからなんですね」

「フリーランスは，毎年 2 月16日から 3 月15日までの間に確定申告をしなければならない。計算した税額が，源泉徴収額より少なければ還付，多ければ納付することになるんだよ」

　フリーランスも，売上の満額が顧客から振り込まれるわけではありません。売上金額が100万円以下の場合は10.21%，100万円を超える場合は20.42%が源泉徴収されます（例外あり）。

「売上が10,000円の場合，1,021円が源泉徴収され，差額の8,979円が振り込まれるってことですね」

　上記は消費税を考慮していませんが，消費税を考慮すると，消費税1,000円（10,000円×10%）を足した9,979円が振り込まれます。源泉徴収額は仮払いの税金なので，確定申告で税額が確定し，差額を精算します。なお，

▶図表 2 － 10　所得税の速算表（平成27年分以降）

課税される所得金額	税率	控除額
1,000円から1,949,000円まで	5%	0円
1,950,000円から3,299,000円まで	10%	97,500円
3,300,000円から6,949,000円まで	20%	427,500円
6,950,000円から8,999,000円まで	23%	636,000円
9,000,000円から17,999,000円まで	33%	1,536,000円
18,000,000円から39,999,000円まで	40%	2,796,000円
40,000,000円 以上	45%	4,796,000円

出所：国税庁ホームページ

消費税も確定申告によって税額が確定するので，受け取った消費税を遣ってしまうと，納税資金が足りなくなってしまうので，注意しましょう。

▶図表2－11 給与所得控除額（令和2年分以降）

給与等の収入金額 （給与所得の源泉徴収票の支払金額）		給与所得控除額
	1,625,000円まで	550,000円
1,625,001円から	1,800,000円まで	収入金額×40%-100,000円
1,800,001円から	3,600,000円まで	収入金額×30%+80,000円
3,600,001円から	6,600,000円まで	収入金額×20%+440,000円
6,600,001円から	8,500,000円まで	収入金額×10%+1,100,000円
8,500,001円以上		1,950,000円（上限）

出所：国税庁ホームページ

▶図表2－12 所得税及び復興特別所得税の申告納税額の計算の流れ

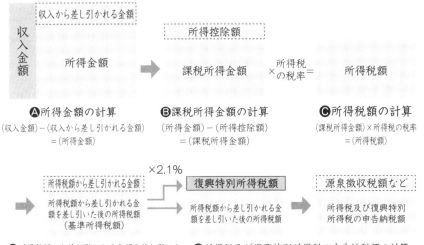

❹所得金額の計算
（収入金額）－（収入から差し引かれる金額）
＝（所得金額）

❺課税所得金額の計算
（所得金額）－（所得控除額）
＝（課税所得金額）

❻所得税額の計算
（課税所得金額）×所得税の税率
＝（所得税額）

❼所得税額から差し引かれる金額を差し引いた後の所得税額（基準所得税額）の計算
（所得税額）－（所得税額から差し引かれる金額）
＝（基準所得税額）

❽所得税及び復興特別所得税の申告納税額の計算
（基準所得税額）×2.1%＝（復興特別所得税額）
（所得税額から差し引かれる金額を差し引いた後の所得税額）
＋（復興特別所得税額）－（源泉徴収税額など）
＝（所得税及び復興特別所得税の申告納税額）

出所：国税庁ホームページ

■住民税

「住民税の税率は10%。前年の収入をベースに計算した税額を翌年支払うことになる」

　住民税は，前年度の課税所得金額に税率を乗じて計算します。サラリーマンは，6月〜翌年5月の給料で天引きされます。フリーランスは，毎年5月〜6月頃に市区町村から納税通知書が郵送されるので，1年分の税金を4回に分けて，自分で納付します。

「住民税って，前年分を翌年支払う謎のシステムですよね。失業してしまった場合や，年俸を大幅に減額されてしまったスポーツ選手や芸能人が，住民税の支払いで大変な思いをするのはこのためですね」

「会社を退職して，しばらく休養するときも，収入ゼロで住民税を支払うことになる。住民税の納税資金の確保を忘れないように気をつけよう」

　ところで，ふるさと納税は，翌年に支払う住民税に影響します。つまり，返礼品と引き換えに，住民税を前払いしているイメージです。
　税収が増え（返礼品に魅力のない市町村は，逆に税収が減ってしまうけど），かつ，早期に徴収できるので，各市町村がふるさと納税に力を入れているのです。

3章
あれば安心，
コツコツ貯金も必要です

　老後資金2,000万円問題はさておき，年金だけでは老後の生活に不安が残ります。生涯現役で仕事をするにしても，ある程度まとまった額の貯金があれば，精神的にゆとりをもった老後を送ることができるでしょう。

　とはいえ，お金を貯めることが得意な人ばかりではありません。ここでは，貯金のコツを学んでいきましょう。

1　コツコツ地道にいきましょう

「いざというときのために貯金をはじめようと思っているのですが，目標金額までの道のりを考えると，心が折れてしまいそうです」

「大きな目標を掲げるのは良いことだけど，ゴールばかり見ていると，しんどくなってしまう。まずは最初の一歩が肝心だね」

　貯金は，ダイエットと一緒です。目標が大きければ大きいほど，現実とのギャップに直面し，最初から無理だと諦めてしまいかねません。まずは一歩踏み出して，地道に取り組んでいきましょう。

「とはいえ，毎月1万円の貯金をコツコツ30年続けても，360万円にしかなりません。30年の努力に見合っているのか疑問です」

「貯金に慣れてきたら，毎月の積立額を増やしていこう。最初は辛いかもしれないけど，継続していれば，徐々に貯金体質に改善されていくはずだよ」

　貯金は，習慣化するまで時間がかかります。貯金が苦手な人は，口座にお金が残っていると，つい浪費してしまいがちです。

「勤務先に財形貯蓄の制度があれば，利用してみよう。給与から天引きされるので，半強制的に貯金できるよ」

「残ったお金を全部遣（つか）ってしまっても，貯金できるところがメリットですね」

　ところで，財形貯蓄の制度がない会社の方が多いかと思いますが，どうしたら良いでしょうか？

「給料の振込口座とは別に，貯金専用の口座を開設しよう。給料日，真っ先に，毎月の積立額を貯金口座に移して，残った金額を生活費にすれば，経済効果はそれほど変わらないんじゃないかな」

「ひと手間かかりますが，ゲーム感覚で続けていれば，気づいたら習慣化しているかもしれませんね」

2　お金を貯（た）める公式

「お金を貯めるための公式は極めてシンプル，収入が支出を上回るようにすればいい。逆にお金が貯まらない人は収入以上にお金

を遣ってしまう」

お金の貯まる人　　：収入＞支出→残りが貯金になる

お金の貯まらない人：収入＜支出→足りない分を借金してしまう

「収入には，労働収入と不労所得がある。労働収入とは，働いて稼ぐ収入。サラリーマンだったら給料，フリーランスだったら売上だね。不労所得とは労働以外からの収入で，家賃収入や株の配当かな」

▶図表 3 − 1　労働収入と不労所得

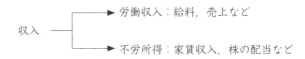

「不労所得って，グリム童話の，寝ている間に小人が働いてくれるイメージですよね。給料だけでは生活が苦しくても，不労所得で補填すれば，生活に余裕ができそうです」

「さらに言うと，不労所得が生活費を上回れば，仕事をしなくても生活することが可能だよね」

労働収入 ＜ 生活費	→毎月赤字で家計が火の車
労働収入 ＋ 不労所得 ＞ 生活費	→余ったお金を貯金できる
不労所得 ＞ 生活費	→仕事を辞めても生活できる

「不労所得での生活は，いわゆるアーリーリタイア，最近はFIREと言って，一部の若者が夢見ているライフスタイルらしいですよ」

　FIREとは，Financial Independence, Retire Earlyの頭文字から取られた造語で，直訳すると経済的自立・早期引退となります。早期引退というと，貯金を取り崩しながら生活するイメージですが，FIREは貯めた資金を運用して，運用益の範囲内で生活するのが特徴です。

　FIREのルールはいたってシンプル，1年間の生活費の25倍の金額を貯め，毎年4％で運用するのです。この法則に従えば，資産を減らすことなく，生きていくことが可能です。

　例えば，毎月の生活費20万円の人が必要となる資産は6,000万円（20万円×12か月×25倍），10万円で生活できる人は3,000万円（10万円×12か月×25倍）です。

> 6,000万円×4％＝240万円→月20万円以内で生活
> 3,000万円×4％＝120万円→月10万円以内で生活

「毎年4％で運用し続けるという前提に疑問は残るけど，足りない分は，アルバイトなどで補填すれば，理屈の上では，可能だよね」

「労働収入と不労所得のどちらか一方に依存せず，家計の両輪とするのが現実的ですね」

3　家計簿のススメ

「貯金ができない大きな原因は無駄遣いだよね」

「月末になると，いつも懐が寂しいのですが，何に遣ったのか全く記憶にございません…」

毎月，何にいくら遣ったか分からなければ，対策のしようがありません。先ずは家計簿をつけるところから始めましょう。

「無駄遣いを減らすために，生活費を"見える化"しよう。家賃，水道光熱費，食費，被服費，通信費等，生活費の内訳を分析することで，自分の消費行動が見えてくるはずだよ」

「家計簿って，面倒くさくて，なかなか続かないんですよね。何かコツがあるんでしょうか？」

「手軽なのは，ノートに手書きや，エクセルかな。1章でも説明したけど，市販の家計簿ソフトを使うのがお勧めだね。日々のルーティーンとして習慣化しよう」

　支出を把握するだけなら，エクセルでも十分です。図表3－2のように「日付」，「金額」，「項目」，「備考」の，たった4列。「項目」は，肉や魚などの細目ではなく，「食費」のような大項目で統一すると，集計するとき便利です。入力後，ソート機能やsumif関数で，簡単に集計できます。
　なお，詳細を備考欄にメモしておくと，後で見返すときに便利です。家計簿は，あくまでも自分のための備忘録。細部にこだわらず，毎日寝る前に，その日の買い物を記録することを習慣づけましょう。

▶図表3－2　エクセルによる家計簿例

	A	B	C	D
1	日付	金額（円）	項目	備考
2	4月 1日	100	食費	コーヒー
3	4月 2日	3,000	通信費	スマホ代
4	〜中略〜			
30	4月30日	85,000	家賃	5月分家賃

「思ったより簡単そうですね。一つ一つレシートを入力するのが面倒くさいので，かえって無駄遣いが減りそうです。ある意味，一石二鳥ですね」

「そういう副次的効果もあるかもしれないね。ただし，家計簿は付けるだけじゃ意味がない。定期的に，何にいくら遣ったか振り返り，無駄遣いがあれば改善するよう心がけよう」

　家計簿を定期的にチェックすることで，支出の傾向を把握することができます。同時に無駄遣いを洗い出すことができ，改善すべき点が明確になります。費用と収入のバランスが取れているかという視点からの分析も欠かせません。

「数字を振り返るのって，現実を突きつけられるので，できれば目を背けたいです」

「せっかく家計簿をつけても，やりっぱなしで改善されないのでは意味がない。鉄の心で現実を直視しないとね」

　ところで，家計簿をつけ続けると，どんなメリットがあるでしょうか？

「家計簿を継続すると，時系列的な分析ができるようになる。先月と今月のような短期間の比較だけでなく，1年前や3年前のような長期間での比較をすることができるんだよ」

「収入の増減に応じた，支出の傾向を分析することができますね」

給料が増えたにもかからず，思ったより貯金が増えていない，そんな経験をしたことがありませんか？

「給料が増えると，気が大きくなってしまいます。無駄遣いが増えているんでしょうね」

「給料と支出の傾向を分析することで，家賃が身の丈にあっていないか，洋服を買い過ぎていないか，課題や消費傾向が浮き彫りになるね」

家計簿は，給料の増減に対する消費傾向を把握するためにも有用です。

図表3－3は，手取りが25万円から40万円に15万円増えたにもかかわらず，貯金が1万円減ってしまうケースです。

給料が増えたので，家賃7万円のアパートから，18万円のマンションに引っ越したところ，家賃負担が11万円増えました。給料の増加分以内に収まってはいますが，家賃の手取りに対する割合は，28%から，なんと45%に増加，つまり家賃負担が重すぎるということが分かります。

家計簿を付けることにより，漠然としていたことを，数値として把握することができるのです。なお，給料が増えても，生活水準を保っていれば，21万円貯金できるので，昇給前の6万円の3倍以上を貯金することができます。

▶図表3－3　**手取りが増えても貯金が減るケース**

（単位：円）

	2018年1月	%		2021年1月	%		改善後	%
給料（手取り）	250,000	-	～	400,000	-	改善	400,000	-
生活費合計	190,000	76.0%	（省略）	350,000	87.5%	⇨	190,000	47.5%
家賃	70,000	28.0%		180,000	45.0%		70,000	17.5%
その他	120,000	48.0%		170,000	42.5%		120,000	30.0%
貯金	60,000	24.0%		50,000	12.5%		210,000	52.5%

「金額の絶対額だけでなく，収入に対する割合の視点で消費傾向を分析することも，家計の改善につながりますね」

「絶対額と割合，２つの視点で分析して課題を洗い出し，一つ一つゲーム感覚で改善していこう。なお，図表３－３から分かるとおり，収入が増えても生活水準を保つのが，お金を貯める一番の近道だよ」

4 貯金，消費，投資のバランス

「給料が増えても生活水準を変えなければ，お金は貯まりますが，貯金だけの生活は味気ないですよね」

「貯金，消費，投資のバランスが重要だね」

「投資って，ちょっと怖いイメージがあります」

「投資というと株や債券といった，資産運用をイメージすると思うけど，投資は大きく分けて資産運用と自己投資に分けられる」

▶図表３－４　資産運用と自己投資

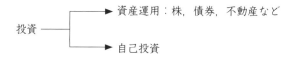

「自己投資？」

▶図表3－5　自己投資の具体例

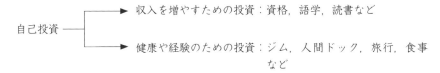

自己投資 ─┬─→ 収入を増やすための投資：資格，語学，読書など

　　　　　└─→ 健康や経験のための投資：ジム，人間ドック，旅行，食事
　　　　　　　　　　　　　　　　　　　　　　　　　　など

「資格や語学といった収入を増やすための投資と，スポーツジムや人間ドック，旅行や食事といった，健康や新しい経験のための投資など幅広くあるね」

「国家資格を取得すれば，収入増のきっかけになるかもしれないし，語学ができれば仕事の幅が広がりますね。でも，健康や食事も投資になるんですか？」

「何をするにも身体が資本だからね！」

　会社の経営者が，多忙にもかかわらず，スポーツジムで運動をするのは，健康のためと割り切っていることも少なくありません。また，病気は早期発見・早期治療が重要です。年1回の人間ドックや，歯科の定期健診をケチってはいけません。

「国内外の旅行や，普段は敷居の高いレストランでの食事は，読書やネットの情報では得られない貴重な経験になり，人生が豊かになる。銀行口座の残高を増やすだけが，貯金じゃない」

「貯金に執着すると，お金を遣うのに罪悪感を抱いてしまいますよね」

「過度なダイエットと一緒で，何事もやり過ぎはよくないね。若いときほど自分のために，メリハリをつけてお金を遣っていこう」

5 退職金，小規模企業共済，中小企業倒産防止共済

「まとまった金額がドカンと入ってくる退職金は，心強いですよね。やっぱり，サラリーマンの方がフリーランスより恵まれているのでしょうか？」

「勘違いしがちだけど，サラリーマンの退職金は，給料の後払い，つまり，給料の一部を会社が積み立て，退職時にまとめて支払う制度なんだよ。退職金制度がない会社は，給与水準が高い傾向にあるよね」

　最近は，退職金制度がない会社が増えています。定年まで頑張って働いて，退職金で住宅ローンを完済，老後は年金で悠々自適の生活という昭和のライフスタイルは，夢のまた夢になりました。

　退職金は，会社側からしたら負債になるので，退職金制度がない方が，会社としてはバランスシートが軽くなるのです。

「ところで，退職金制度はサラリーマンだけのものじゃない。フリーランスのための退職金制度として，小規模企業共済がある。税制上の優遇措置もあるから，資金繰りに影響を与えない範囲で活用してみる価値はあると思うよ」

　小規模企業共済とは，小規模企業の経営者，役員，個人事業主のための退職金制度です。月々の掛金は，1,000円から70,000円で，500円単位で自

由に増額，減額できます。掛金は全額所得控除の対象となり，税制上の優遇措置が講じられています。受け取りは，「一括」，「分割」，「一括と分割の併用」から選択できます。

・掛金　　：月額1,000円〜70,000円（500円単位で設定）
・受け取り：一時金（退職所得の扱い）
　　　　　：分割（公的年金等の雑所得扱い）

　所得税率10％（住民税10％）のフリーランスが20年間，掛金３万円積み立てるケースと，７万円積み立てるケースの積立額と節税額は次のとおりです。

① 　掛金３万円（年36万円）

積立額：36万円×20年＝720万円

節税額：36万円×20％＝年7.2万円（20年で144万円）

② 　掛金７万円（年84万円）

積立額：84万円×20年＝1,680万円

節税額：84万円×20％＝年16.8万円（20年で336万円）

「掛金と積立年数によっては，フリーランスもサラリーマン以上に老後資金を貯めることができますね」

「ただし，長期間資金が寝てしまう点に気をつけよう。目先の節税になるからといって無理な掛金を設定すると，いざという時に手元の現金が足りず，資金繰りに苦しむことになってしまう」

　フリーランスにとって，資金繰りは重要です。突然の不況が訪れても，

暫くの間，食いつなげる現金を確保しておいた方が無難です。

「フリーランスには，通称，経営セーフティ共済と呼ばれている
中小企業倒産防止共済制度もある」

　中小企業倒産防止共済制度とは，取引先企業が倒産した場合，積み立て
た掛金総額の10倍の範囲内で，回収困難になった売掛債権等の額以内の共
済金の「貸付け」を受けられる制度です。掛金は月額5,000円〜200,000円
（5,000円単位で設定），掛金の上限は800万円になり，最大8,000万円の貸付
けを受けることができます。

「貸付けっていうことは，借金，つまり返済しなければいけませ
んよね？」

「その通り。ただし，ここでのポイントは貸付けを受けること
じゃない。この制度では，解約すると解約手当金を受け取ること
ができる。12か月以上掛金を納めていれば，掛金総額の8割以上，
40か月以上納めていれば掛金全額が戻るんだよ」

　倒産防止共済の掛金は，法人であれば全額損金，個人事業主であれば必
要経費に算入され，解約手当金を受け取った場合，法人であれば益金，個
人事業主であれば事業所得になります。

「そうか，儲かっているときに掛金を掛けておき，赤字のときに
受け取れば良いんですね。小規模企業共済のように長期間資金が
寝てしまうこともなさそうです」

「正確には課税の繰り延べなんだけど，掛金を掛けるときと，受け取るときの業績如何(いかん)によっては，結果として節税になる。また，不況で経営が苦しいときに，解約手当金で当座をしのぐことができる。上手に活用すれば，従業員がいないフリーランスなら，しばらく耐えることができるだろう」

　倒産防止共済と小規模企業共済は，掛金の金額，受け取りのタイミングがそれぞれ違うので，実情に応じて，両者を併用するのが良いでしょう。また，解約せずに老後資金として確保しておくのも選択肢の1つです。

「倒産防止共済は，赤字でないときに受け取ると，かなり税金がかかってしまいますよね？」

「老後まで，解約する必要がなかったということは，長い間，業績が良かったということに他ならない。それなりの老後資金も準備できているはずだ。それに，そもそも課税の繰り延べなんだから，セコイこと考えずに，そのくらいの税金は気持ちよく払おうよ」

.

4章
お金を遣うコツ

　「貯金」,「消費」,「投資」のなかでも,生きていくうえで欠かせないのが「消費」です。闇雲に貯金や投資をしていても,人生が無味乾燥になってしまいます。一生懸命働いた自分へのご褒美は,明日への活力につながります。とは言え,「消費」が「浪費」になってしまっては,元も子もありません。ここでは,お金を遣うときのヒントについてみていきましょう。

1　お金と時間の価値

　「お金と時間の価値について考えたことはあるかな？」

　「今日の100円と1年後の100円を比べたら,今日の100円の方が,価値が高いというやつですか？」

　「それは貨幣の時間的価値のことだね。ここでの話はちょっと違うんだよ」

　貨幣の時間価値とは,お金の価値に時間と金利を反映させた概念です。もし,100円を年利1％で運用したら,1年後には101円になります。つまり,今日の100円は,1年後の101円と等価という考え方です。

「小学生の１万円と，社会人の１万円。交換価値は同じだけど，
１万円で得られる満足感は，小学生の方が遥かに高いよね」

「小学生にとって，１万円は大金です」

　同じ金額でも，年齢が低いほど，その効用は高いのではないでしょうか。
小学生は，１万円でゲームソフトや漫画など，好きなものを手に入れて大
満足することができます。一方，社会人は１万円で，そこまでの満足感を
得ることはできません。同じ金額を消費して得られる満足感，幸福感は，
明らかに若い頃の方が大きいと言えます。

「逆に，年齢が高くなるほど時間の価値が高くなる」

「学生時代は時間が無限にあったので，ダラダラ無駄に過ごして
しまいました。社会人の休日が，これほど貴重だとは想像すらで
きませんでした…」

　若い頃は時間を持て余してしまいがちですが，社会人になると休暇は限
られてしまいます。年齢が高くなるほど，時間の価値が高くなるといえる
のではないでしょうか。
　図表４－１はお金と時間の価値をグラフ化したものです。縦軸が価値，
横軸が年齢です。年齢とともに右肩下がりになる①がお金の価値，対照的
に，時間の価値②は年齢とともに右肩上がりになるのが分かるでしょう。
　残念ながら，人間には寿命（健康寿命）があるので，残された時間の価
値がより貴重になります。若い頃は，お金の価値が時間の価値を上回って
いますが，ある一定の年齢で，両者が逆転します。

▶図表4−1 時間とお金の価値のグラフ

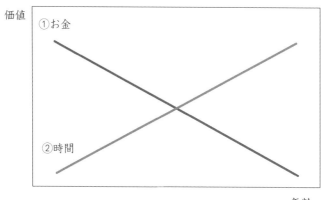

若い頃に馬車馬のように働いて若くして引退する人や，高給をなげうって，やりがいを求めてある日突然会社を辞める中高年の方がいますが，この法則に照らしてみると，ある種，経済合理的な行動といえるのではないでしょうか。

(経済合理的な行動)
お金の価値 ＞ 時間の価値 → 働いて稼ぐ
お金の価値 ＜ 時間の価値 → 自分のやりたいことをする

「老後資金も大切だけど，それ以上に時間の価値が大切なことが分かると思う」

「いくらお金があっても，過去には戻れないですもんね。定年退職後の趣味で，海外旅行が人気ですが，歳をとると長時間のフライトは身体にこたえます。多少家計の負担になっても，若い頃に旅行したいですね」

「"現在"を大切にすることが大切だね。貯金，消費，投資をバランスよく配分することも大切だけど，時間（年齢）の価値を意識すると，より効果的にお金を遣うことができるんじゃないかな」

2 収入が増えても支出を増やさない

「3章でちょっと触れたけど，高収入なのに，お金が貯まらない人がいるよね」

「税金や社会保険の負担が大きいかと思いますが，それでも普通より多く貯金ができそうなので不思議です」

「お金が貯まらない原因は至ってシンプル，収入が増えた分，遣ってしまうから。自分の稼いだお金をどう遣おうが自由だけど，お金に困らない生活をしたいのなら，賢い選択とは言えないね」

　多くの人は，給料が増えると，同時に生活水準を上げてしまいます。場合によっては，増えた収入以上に支出を増やしてしまうことも少なくありません。生活水準を上げてしまうと，給料が下がってしまったときに，生活を維持することが難しくなってしまいます。

「お金を殖やす方法は極めてシンプル，収入が増えても生活水準を変えないことに尽きる。全身ブランド品を身にまとった派手な人と，全身ユニクロの地味な人，一見，前者をお金持ちだと思ってしまいがちだけど，実はお金持ちの生活は質素だというのはよくある話だね」

　「オマハの賢人」と呼ばれる投資の神様，ウォーレン・バフェットの個

人資産は1,000億ドル（約10兆8000億円）とも言われていますが，生活は至って質素。朝食はマクドナルド，1958年にネブラスカ州オマハに$31,500（約330万円）で購入した自宅に現在も住んでいます。

「隣に住んでいる人が，実は億万長者だったという話ですね」

　分かっていても，ブランドもののスーツと高級時計を身にまとっている人をみると，お金持ちだと錯覚してしまいます。

「その心理をうまく利用しているのが，金儲け<ruby>金儲<rt>かねもう</rt></ruby>けを謳い文句にしている情報商材系のビジネスだよ。講師が成功者を気取って，SNSでセレブ生活をアピールしているのを見かけたことはないかな？」

「ちょっと怪しいなと思っても，心が揺れてしまいます」

　そもそも，見ず知らずの誰かに，お金儲けの方法を教える人がいるでしょうか？

「ネット社会の時代，自分からお金持ちだと発信するなんて，事件に巻き込まれるリスクしかない」

「商材を売るために，お金持ちを演出しているわけですね。そんな商材にお金を遣うことこそ，浪費以外の何物でもありませんね」

3 固定費を抑える

「収入が増えても生活水準を上げないのは，言葉で説明するのは簡単ですが，実践するのは難しいですよね。欲しいものを買うために頑張るのは，仕事へのモチベーションにつながります」

「何でもかんでも我慢して，修行僧のような生活をする必要はないよ。お金を遣うとき，まず，その支出が固定費か変動費か意識してみよう」

　固定費とは，家賃や水道光熱費，食費やスマホ料金のように，毎月かかる金額です。一方，変動費は外食や飲み会のような交際費，衣服や家具，電化製品など，スポットで発生する費用です。

「固定費は毎月発生する支出なので，一つ一つの金額が小さくてもボディーブローのように効いてくる。固定費を見直して，無駄な支出を削減するだけで，家計に余裕ができると思うよ」

「食費や水道光熱費は削減するといっても限界があるので，手をつけやすいのが家賃ですね」

　家賃は収入の3分の1までという謎の指標がありますが，生活費に占める家賃の割合は大きいので，家賃の削減は効果的です。

「そもそも，収入の3分の1を家賃で払っていたら，お金が貯まるわけがない」

「大家さんのために働いているようなものですよね」

「収入が増えても，家賃が高いところに引っ越してしまうとお金が貯まらないのは，家賃が固定費だから。毎月の支出だからこそ，シビアになる必要があるんだよ」

多くの人が使っているスマホ料金も，積極的に削減していきましょう。

「これまでは，格安スマホがお得だったけど，最近は大手キャリアも続々と低額プランを提供しているので，迷うことなく活用しよう。スマホ料金に毎月7～8千円も使っているなら，今すぐ見直すべきだ」

「分かっているのですが，手続きが面倒くさくて，なかなか重い腰が上がらないのですよね」

「惰性で高い料金を払い続けるのは，無駄遣いと一緒だよ！」

　スマホ料金は，プラン内容が複雑で，手続きも手間になるため，惰性で継続してしまいがちですが，格安SIMを活用するなど，削減する余地が多く残されています。格安SIMとSIMフリーのiPhone等を組み合わせれば，使い勝手は大手キャリアと変わりません。

「格安SIMにして，連絡はLINEやFacebookのメッセンジャー，電話はWIFI環境でLINE電話やSkypeを使用すれば，通信費を大きく削減できる。電話をかける頻度が多い場合，スマホとガラホの2台持ちという選択肢もあるね」

「スマホはデータ通信のみ，ガラホはかけ放題のプランにするわけですね」

　SIMフリーのスマホを活用するときの難点は，スマホを一括購入する必要があることです。長期的にみればコスト削減になりますが，短期間で機種変更を繰り返す人には向かないかもしれません。

4　立ち食いそばで天ぷらは頼むな！

「サラリーマンのランチで欠かせないのが，立ち食いそば。ラーメンに並ぶ人気だよね」

「サクッとお腹を満たせるし，値段も手ごろなので，重宝しています」

「かけそばは１杯250円〜300円くらいだよね。これで，よく商売が成り立つと考えたことはないかな？」

「立ち食いそばって，数分でサクッと食べるじゃないですか。１日に何百人もお客さんがくるからじゃないですか？」

　厚生労働省が公表している，「今日から実践！　収益力向上に向けた取り組みのヒントそば・うどん店編（平成31年３月）」によると，立ち食いそば・うどん店の１日の平均客数は166.7人，客単価は312.5円。月の売上にすると150〜160万円（166.7人×312.5円×30日≒156万円）です。

「客単価312.5円というのは，ちょっと違和感がありますね。肌感覚ですが，かけそばでなく，丼セットとか，天ぷらそばとか，おにぎりやお稲荷さんをトッピングしているお客さんの方が多いのではないでしょうか？」

「目の付けどころがいいね。ところで，かけそば1杯の原価はいくらくらいだと思う？」

飲食店の原価率は30%が目安といわれています。

「1杯300円とすると90円（300円×30％＝90円）くらいですか？」

「客単価の低い立ち食いそばで原価率30％ではさすが経営が成り立たない。粉ものは原価率が低いこともあり，ざっくり原価は50円くらいだと言われているんだよ」

「売上が1杯300円として原価が50円ということは，250円が利益になりますね」

「正確には，利益ではなく売上総利益。ここから，店の家賃や人件費といった，販売管理費を引いたものが利益となる」

▶図表4-2　そば屋の損益計算書のイメージ

（単位：円）

売上	2,000,000
売上原価	300,000
売上総利益①	1,700,000

販売管理費

家賃	300,000
水道光熱費	100,000
人件費	900,000
その他	200,000
販管費合計②	1,500,000

利益（①－②）	200,000

　ちょっと会計の話に戻ってしまいますが，例を用いて説明しましょう。そばや丼の売上から，そば粉や汁の原価を引いたのが売上総利益です。そば屋を経営するには，お店の家賃や，従業員の給料を支払わなければいけません。家賃や給料を販売管理費と言います。売上総利益から販売管理費を引いたものが利益となります。

「アルバイトやパートの給料は，勤務時間である程度調整できるけど，家賃や水道光熱費，正社員の給料といった固定費は，毎月支払わなければならないよね。そうすると，かけそば１杯300円で利益を増やすにはどうすればよいだろう？」

「客単価を上げないといけませんね。だから，サイドメニューがあるんですね！」

　サイドメニューは，そば屋であればトッピングや丼，ハンバーガーショップではポテトやチキンナゲットです。
　居酒屋などの飲食店は競争が熾烈（しれつ）なので，顧客満足度を上げるため，食事の原価が高くなる傾向があります。そのため，利益率の高いお酒の提供が生命線となっています。コロナ禍で，お酒の提供が制限されたことにより，多くの飲食店が苦境に立たされたのはこのためです。

「かけそばだけでは経営が成り立たないので，丼やトッピングの天ぷらを売っているんだよ。店によっては原価率を下げるため，衣ばかりの天ぷらが出てくることもある」

「立ち食いそばで安くすませようとして，トッピングを追加したら，結果として定食屋より高くなってしまうこともありますよね」

　ここで伝えたいことは，天ぷらをトッピングすべきでないということではありません。お店を経営する立場でも，客としてお金を遣う立場でも，原価を意識する視点を持つのが重要ということです。

「お店は利益率の高い商品を売りたい，お客は原価率の高い商品がお買い得。つまり，両者は相反する関係にある。もちろん，原価率を高くすればお客が喜ぶとは限らないし，原価率が低くても人気の商品もあるので，単純な話ではないけどね」

「飲食店で，Ｔシャツやグッズ，マグカップを売っているのが不思議でしたが，客単価や利益率を上げるための企業努力だったんですね！」

　飲食店の原価率を考えたら，飲食だけで利益を出すのは限界があります。一部の飲食店が，アパレルや雑貨に力を入れているのはこのためです。

「タピオカブームは去ってしまったけど，全盛期に大盛り無料サービスをしていたお店があったよね？」

「あちこちにタピオカ店が出店したので，身を削りながらサービスしていたのでしょうね」

「実はその逆なんだよ。タピオカよりミルクティーの方が，原価が高いので，お店としてはタピオカを大盛りにしてミルクティーを減らした方が，原価を下げることができる。原価率が低くなっても顧客満足度が上がる。商売は面白いよね」

　原価率が低い方が，むしろ顧客満足度が上がるものとして，インドカ

レー屋のナンもその1つです。ナンとライス，どちらか選択するとき，せっかくインドカレーを食べるんだからと，ナンを選択する人は多いのではないでしょうか？　実は，ライスよりナンの方が原価率が低いので，お店は嬉しいし，お客さんも満足します。ライスのお替りは有料なのに，ナンのお替りは無料のお店が多い理由は原価率です。日常の何気ないところでも，原価に注目すると，今までと違った世界が見えてくるでしょう。

5　ブランド価値のナゾ

「値段と原価の乖離が大きい物の典型例がブランド品だね。有名ブランドは品質が良いこともあるけど，品質の差以上の価格差が生まれているよね」

「時計でもバッグでも，有名ブランドのロゴが付いているだけで，値段が格段に違いますよね。会社も一緒で，同じサービスでも，大手企業と中小零細では全く違います」

　ブランド価値は，長い年月をかけて育んできた企業努力の賜です。有名ブランドを身にまとっている満足感，専門のラウンジで手厚いサービスを受ける優越感は，一朝一夕でつくりあげることはできません。

「ブランド品が好きな人は，銀座や表参道のサロンで購入する傾向があるよね。安く買えるからといって，量販店で並行輸入品を購入するなんてもってのほか」

「購入後のアフターサービスまで含めて，ブランド価値が形成されているということですね」

　ブランド品の趣味嗜好は人それぞれ。価値感を否定するつもりはありません。ただし，お金を殖やすステージで，目に見えないブランド価値にお金を払うのは，賢い選択とは言えません。

　「ブランド品のように，フワッとしたものにお金を遣っていたら，お金が殖えるはずがない。ここでも，原価を意識するという視点が活きてくるんだよ」

　ところで，ブランド品は，常に無駄遣いと言えるでしょうか？

　「地味なお金持ちの人でも，財布だけは良いものを使っている人を見かけます。やっぱり，"長財布はお金が貯まる説"は正しいのでしょうか？」

　「良いところに目をつけたね。長財布の説はさておき，丈夫で長持ちするブランド品を使うのは，経済合理性があるんじゃないかな」

　1年ですり切れてボロボロになってしまう8,000円の財布を，10年間，毎年買い替えたら総額で8万円になります。一方，10年以上長持ちする8万円のブランド品の財布であれば，1年あたりのコストを抑えられるだけでなく，満足感も得ることができます。

> ・1個8,000円の財布　：8,000円×10個＝80,000円
> ・1個80,000円の財布：80,000円÷10年＝8,000円/年

　どちらも，1年あたりの金額は8,000円！

「一口にブランド品といっても，グラスのような壊れやすいものでなく，丈夫で長持ちする品であれば，使用する年数によっては，無駄遣いどころか，賢い買い物になりますね！」

6　財布でみえるお金の性格

「ところで，財布を見れば，その持ち主が，お金が貯まる傾向にあるかどうか，見分けることができる」

「本当ですか⁉」

　自分の財布を手に取って，分厚さとお金の向きに注目してみましょう。

「財布の中のお札が上下バラバラで，クレジットカードやポイントカード，レシートでパンパンになっていたら，お金の整理が苦手なことがうかがえる。毎日きちんと家計簿をつけていたら，財布にレシートがたまってしまうことはないよね」

「耳が痛いです。メタボな財布はダメですね」

「お札の向きだけど，財布にお札を上下バラバラに入れている人は，お金を大切にしていない傾向がある。ちゃんとしたお店では，お釣りを渡すとき，必ずお札の上下を揃えて渡すよね。お金持ちは，そういう細かいところにうるさいから気が抜けない」

「財布一つで，持ち主の性格を垣間見ることができるなんて面白いですね」

7　ブランド品のリセールバリュー

「高価な商品を買うときは，リセールバリュー，つまり，中古の
下取り価格を調べておこう」

「ブランド品も，物によっては，二束三文にしかならないことが
ありますよね」

　中古品がいくらで流通しているかは，ネットで簡単に調べられます。た
だだし，下取り価格は売値より利ざや分低くなります。

「単にケチな人と，賢くお金を遣う人の違いが分かってきました。
さっそく，長持ちしそうな長財布を買おうと思います」

「念を押しておくけど，長財布でお金持ちになれる科学的根拠は
ないから，自己責任でね（笑）」

8　金欠の三種の神器①　――　時計

　金欠の三種の神器といえるのが，時計，車，マイホーム。高額なうえに
固定費がかかるので，家計を苦しめる原因になりがちです。

「時計といっても値段はピンからキリまで。高級時計の中には，
ダイヤが散りばめられた宝飾品や，職人の技術の結晶ともいえる
モデルもあるけど，ブランド価値にお金を払っていることには変
わらない。時刻を知りたいのであれば，1万円の時計も100万円
の時計も一緒だよね」

「高給時計はオーバーホールも必要なので，むしろ，安い電池式の時計の方が，コスパは良いですよね。Apple Watchであれば，財布やPASMO，SUICAの代わりにもなるので便利です」

　時計本来の目的である，時刻を知る機能だけであれば，高級時計である必要はありません。スマホ1つで十分です。

「一生使える良い品を，1本持っておくのは悪くないと思うよ。問題は，時計の沼は深いもので，なかには家財を売り払い，生活を切り詰めてまで，高級時計を買い続けてしまう人がいる。この手のタイプは，常にお金に困ってしまいがちだ」

「でも，時計は中古で売ればお金になるので，資産になりませんか？」

「一部の人気ブランドは，価格が高騰しているので，資産価値があると言えるかもしれない。だけど，普通は中古になると大きく価値が下がってしまう」

　後述する車もマンションも，中古になった途端に値崩れしてしまいます。これは，新品の価格には，「プレミアム」がのっているからです。

「アパートやマンションでも，新築物件は家賃や売値が高いですよね。中古の方がリーズナブルだと分かっていても，一生ものだからこそ，新品が欲しいというのが人情ですよね」

「人それぞれの価値観になるよね。時計は，たとえ有名ブランドでも，中古になった途端に半値くらいになることもあるんだよ。

　お金の遣い方という視点でいうと，新品にこだわるのは得策では
ないんじゃないかな」

　例えば，新品が100万円，中古品が50万円，下取り価格が40万円の時計
があったとします。この場合，新品を買った途端に50万円の含み損，下取
りに出すと60万円の赤字になってしまいます。一方，中古品であれば，下
取りに出しても10万円の赤字ですみます。10年使った場合，1年あたりの
赤字は1万円，毎年1万円の使用料と割り切れます。中古品を上手に活用
すれば，家計の負担を減らすことができるのです。

「そうは言っても，時計は毎日身に付けるので，前の持ち主の
"気"が宿っているとして，中古を嫌う人が多いですよね？」

「その理屈でいったら，中古物件に住むことはできないし，中古
車にも乗れなくなる。メルカリやヤフオクで古着を買うなんてと
んでもないということになるよね。家賃が極端に安いからといっ
て，事故物件に住むことはお勧めしないけど，お金を貯めるス
テージでは，中古品を活用して，賢くお金を遣っていこう」

9　金欠の三種の神器②── 車

「車は，時計とは比べものにならないくらい家計の負担になる。
新車であれば1台200万円くらい。ローンを組んだら，毎月元利
金の返済をしなければならない」

「ローンを組んだら，利息分，余計に支払うことになりますよね」

　車体の価格だけでなく，ガソリン代，自動車税，保険料，車検代，駐車場代などの維持費がかかります。故障したときの修理代もばかになりません。

「都心では，駐車場代金だけで月に３万円くらいかかることもある。電車やバスといった公共交通機関が充実している地域では，若者を中心に，無理して車を持たず，必要なときだけレンタカーやカーシェアを利用する人が増えているね」

「車に乗る頻度が減れば，交通事故のリスクも減るから一石二鳥ですね」

　車は，維持費の負担が重いこともあり，若い世代の車離れが進んでいます。週末しか乗らないのであれば，必要なときだけレンタカーやカーシェアを利用することで，家計の負担を大きく軽減できます。

「都心であれば車を持たない選択肢もアリだと思いますが，交通の便が悪い地域では，どうしても車が必要になりますよね？」

「地方の場合，駐車場代金が安いのが唯一の救いだね。家賃や食費など，都心より生活コストが低いので，他の支出で調整するしかないね。間違っても，頻繁に新車に買い替えてはいけないよ」

10　金欠の三種の神器③ ── マイホーム

「今でもマイホームの購入需要は根強いものがある。かつては，幸せの象徴ともいえた夢のマイホームだけど，家計にとっては，間違いなく大きな負担になっている」

　高度経済成長期は，終身雇用制度の背景もあり，住宅ローンの残債を退職金で一括返済，老後は年金で悠々自適の生活を送るというライフプランが成立しました。年金は世代間で格差があり，1940年〜1955年くらいに生まれた人は，支払った保険料よりも受給額が多く，1960年以降に生まれた人は，逆鞘になってしまうと言われています。年金が手厚く，不動産価格が右肩上がりだった時代は，マイホームの購入は経済合理的だったのです。

「マイホームは，年収の何倍もの買い物をすることになるので，住宅ローンを組むことになるけど，過度な住宅ローンは家計を圧迫する原因になる」

「数年後の未来も予測できないのに，30年以上もの長期間，借金を背負うのは冷静に考えたら怖いですよね」

　次のケースの場合，月々の返済額は元本と利息合計で，約10万7千円になります。

> ・ローン金額：3,000万円
> ・期間　　　：35年
> ・固定金利　：2.5%
> ・返済方法　：元利均等返済

「固定資産税や修繕費などの保有コストを考慮しても，将来自分のものになるのなら，賃貸で家賃を支払うよりも得かもしれませんね」

「具体的な比較は，6章でするけど，見落としがちなのが，利息の絶対額。このケースでは，35年間の利息合計は約1,500万円になる。つまり，返済総額は元本の3,000万円と合わせて4,500万円になってしまう」

「利息で1,500万円も支払ったら，家計が苦しくなるのは当たり前ですよね。逆にいうと，贈与や相続でマイホームを取得した家庭は，住宅ローンの返済や家賃がないので，余裕のある生活を送れるということですね」

衣食住のなかでも，住宅コストは最も金額が大きくなります。住宅ローンによって，想像以上に家計が圧迫されることになってしまいかねません。

11　サブスクリプションサービスを見直す

「サブスクって聞いたことないかな？」

「最近よく耳にしますが，定期購読サービスのことですよね」

「そうだね，具体的には新聞やスポーツジムの会費など，幅広く利用されているね」

サブスク，ちゃんと言えば，「サブスクリプションサービス」とは，定期購読サービスのことで，サービスの提供者側としては，毎月安定した収入が入ってくるので，経営が安定します。新聞，スポーツジム，音楽や動画配信，洋服や車，有料メルマガやオンラインサロンなどさまざまです。

「定額で利用できるので，上手に使えばコストパフォーマンスに優れている。毎日ジムに通えば，1回あたりの使用料は数百円だし，動画配信サービスであれば，映画やドラマを定額で見放題だから，ヘビーユーザーにはお得だよね」

「毎月洋服が送られてくるサービスを使えば，毎年流行に合わせて買い替える必要もないし，保管場所に困ることもありませんね！」

「気をつけないといけないのは，サブスクは，使用していないのに惰性で契約し続けてしまっていることが少なくない。典型的なのがスポーツジムの幽霊会員。もし，使っていないサービスに加入していたら，支出をスリム化していこう」

　サブスクは，何かきっかけがないと，惰性で契約し続けてしまいがちです。コロナ禍がきっかけで，スポーツジムの幽霊会員がこぞって解約したそうです。一度，定額で支払っている固定費を見直してみては如何でしょうか。

5章
借金のはなし

　お金の話をするとき，切っても切り離せないのが借金の話です。お金に
まつわるトラブルの多くが，借金が原因であるといっても過言ではありま
せん。

　借金というと聞こえが悪いのか，ローンや奨学金という言葉が使われる
こともありますが，その本質は一緒です。

1　借金の基礎知識

　　「借金で困る原因の1つは，実は借金の仕組みを理解していない
　　ことだと思うんだよね。非常に重要なことだから，この機会に基
　　礎中の基礎から説明しようか」

■金利の基礎知識

　お金を借りたら，借りたお金だけでなく，お礼として利息をつけて返さ
ないといけません。借りたお金を元本，元本に金利を乗じたものが利息で
す。

```
・借りたお金：元本
・元本×金利：利息
```

「100万円を年5%の金利で借りると，利息は5万円（100万円×5％＝5万円）。借入期間1年だと，元本の100万円と利息の5万円の合計105万円を支払うことになる」

「"ナニワ金融道"や"闇金ウシジマくん"に，トイチやトサンという言葉が出てきますが，これは金利のことですよね？」

「おっ，詳しいね。トイチとは10日で1割，つまり，10日で金利10%，トサンは10日で金利30%のことをいうんだよ」

　もし，トイチで100万円借りてしまうと，10日で利息は10万円。なんとか利息を払えたとしても，元本を返済しない限り，永久に，10日ごとに10万円の利息が発生します。もし利息を支払えないと，利息にさらに10%の金利が発生して雪だるま式に増えていき，100万円の借金が，1年後には3,000万円（なんと，年利3,000%超！）を超えてしまいます。

> 100万円 × 10% ＝ 10万円
> 100万円 ×（1＋10%）×（1＋10%）……1年後には3,000万円超！

「普通に考えれば，支払えるはずありません！　こんな無茶な条件で，お金を借りてしまう人がいるのが不思議です」

「数字が苦手な人が，想像以上に多いのかもしれないね。でも，小学校で習う四則演算さえできれば簡単に計算できる」

　学校では，借金の仕組み，元本と利息の関係を学ぶ機会がありません。たとえ利息を計算する学力が身についても，借金の仕組みを知らなければ，計算の知識を活用できません。

「2つ目の理由は，"貧すれば鈍する"と言うけど，高金利でお金を借りざるを得ないという切羽詰（せっぱつ）まった状況で，思考力が鈍ってしまい，正常な判断を下すことができなくなってしまうのだろう。お金に困っているときは，お金に関する重要な決断はしないのが賢明だね」

「ところで，消費者金融とヤミ金は，何が違うのですか？」

「消費者金融は，貸金業者として登録されている業者で，ヤミ金は貸金業者として登録していない，モグリの業者のことだよ」

　消費者金融に対する過払い金返還請求が社会問題になりました。出資法の改正前は刑事罰の対象となる金利の上限が29.2％であったことから，利息制限法の金利（15％〜20％）との乖離がグレーゾーンとなっていました。ただし，2010年6月18日以降，出資法の上限金利が20％に引き下げられたことにより，グレーゾーン金利が撤廃されました。

▶図表5－1　利息制限法の金利

借入金額	上限金利
10万円未満	20%
10万円以上100万円未満	18%
100万円以上	15%

「図表5－1の，上限金利を超える金利は無効になる。年利3,000％を超えるトイチが，違法な金利であることは言うまでもないね」

「違法云々（うんぬん）以前に，そもそも返済できません！」

　トイチを例に，金利と時間（期間）の関係を説明しましたが，この考え方は，投資も一緒です。高い利回りで長期間運用すると，雪だるま式に資産を殖やすことができるので，金利と時間の関係はしっかりと覚えておきましょう。

■固定金利と変動金利

 「金利には，固定金利と変動金利がある。固定金利は借入期間の金利が一定，変動金利は半年ごとに金利が見直される」

▶図表5－2　固定金利と変動金利のイメージ

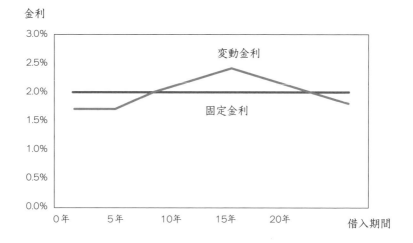

 「固定金利と変動金利は，どちらが有利ですか？」

 「それぞれメリット，デメリットがある。固定金利は金利が一定なので，返済金額が変わらず，計画的な返済をすることができる。ただし，借入期間中，低金利が継続していると，結果として金利の総額は変動金利より大きくなってしまうんだよ」

　固定金利の代表例として，住宅ローンの「フラット35」があります。文字通り35年間金利が固定されるため，住宅ローンのように借入金額が大きく，長期間におよぶ借入れの際に好まれる傾向があります。

「現在，低金利でも，35年の間に，金利が跳ね上がる可能性はいくらでもありますよね。住宅ローンのように借入金額が大きいと，金利変動が返済額に大きく影響してしまうので，多少金利が高くても，固定金利を選択した方が安全かもしれませんね」

「変動金利は，低金利が長く続けば有利だけど，金利上昇局面では，返済計画が破綻してしまうリスクがある。ただし，ボーナスなどの余裕資金で，前倒しで繰り上げ返済を進めていく計画なら，変動金利という選択もアリなんじゃないかな」

　住宅ローンでも，低金利が続いている時期は，変動金利が好まれる傾向があります。金融機関との契約で，金利見直し時にキャップ（上限）が設けられていれば，金利上昇局面でも，1％だった金利がいきなり5％に跳ね上がるようなことはありません。緩やかなカーブで上昇することになるので，金利上昇局面でも，借り換えをするなど，対策をする時間的猶予は

▶図表5－3　固定金利と変動金利のメリット・デメリット

	固定金利	変動金利
性格	借入期間中，金利が一定	半年に1回金利が見直し
メリット	金利変動リスクを受けない ➡返済額が一定なので計画的に返済できる	借入時は固定金利より金利が低い ➡低金利が続くと，利息総額が固定金利より少ない
デメリット	借入時は変動金利より金利が高い ➡低金利が続くと，利息総額が変動金利より多い	金利変動リスクを受ける ➡金利が上昇すると返済が苦しくなる

82

残されています。

「固定金利と変動金利，どちらが有利かは，返済を終えてみないと分からない。金利変動リスクを取りたくなければ固定金利，低金利が長期間続くことに賭けるなら変動金利になるだろう」

「借り換えの余地があるとはいえ，どちらを選択するかは，ギャンブル的要素がありますね」

■元利均等返済と元金均等返済

「借金の返済方法は，元利均等返済と元金均等返済の2種類ある。どちらを選択するかによって，毎月の返済額と返済総額が変わってくる」

> 元利均等返済：毎月の返済額が一定
> 元金均等返済：毎月の返済額のうち，元本の返済額が一定

「元金均等返済の方が，返済総額が少ないと聞いたことがあります」

「図表5－4を見ながら，それぞれの返済方法の特徴をみていこう。元利均等返済と元金均等返済では，返済額に占める元本と利息の割合が異なるのが分かると思う」

「元利均等返済は，最初は利息の割合が多いので，なかなか元本が減りませんね」

▶図表5-4　元利均等返済と元金均等返済の元本と利息のイメージ

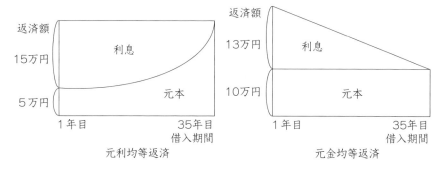

「元本の減るスピードが遅いので，結果として，利息の総額が多くなってしまう。ただし，毎月の返済額が一定なので，家計の収支計画をたてるには向いているね」

「元金均等返済は，なぜ，金利の支払額が減っていくんですか？」

「利息は"元本×金利"で計算するよね。元金均等返済は，元本が減るスピードが速いので，結果として利息の支払い額が少なくなる。返済総額は少なくなるけど，最初の返済額が多いのがデメリットかな」

「返済方法の選択も，悩ましいですね」

▶図表5-5　元利均等返済と元金均等返済のメリット・デメリット

	元利均等返済	元金均等返済
性格	毎月の返済額が一定	毎月の返済額のうち，元本の返済額が一定
メリット	返済計画をたてやすい	返済総額が少ない 徐々に返済額が減っていく
デメリット	返済総額が多い	最初の返済額が多い

2 良い借金，悪い借金

■ギャンブルと借金

借金をする必要がなければ，それに越したことはありません。ところが，投資の世界では，投資効率を高めるために借金をすることは，基本中の基本です。借金というと，デメリットばかりに目がいってしまいがちですが，どうやら良い側面もありそうです。

「利息の支払いをしていたら，いつまでたっても家計は楽になりません。借金が原因で一家離散してしまったという話も耳にします。やっぱり，借金なんてするものじゃありませんね」

「確かに，借金にまつわるトラブルは絶えないね。だけど，借金は，悪い側面ばかりではない。活用次第では，良い借金にも悪い借金にもなる」

借金をすれば，利息の支払いが発生します。家族や友人から眉を顰められてしまうかもしれません。良い借金なんてあるのでしょうか？

「まず，悪い借金って，どういう借金だと思う？」

「パチンコや競馬などのギャンブル，宝飾品や洋服などのブランド品，キャバクラやホストクラブに通うために借金を重ねるのは，悪い借金だと思います」

つまり，浪費のための借金ということです。とはいえ，ギャンブルも浪

費も，法律的には問題ありません。なぜ，悪い借金と言えるのでしょうか？

「借金でギャンブルや浪費するなんて，“ダメ人間”の典型じゃないですか。家族や周囲の人達も不幸になってしまいます！」

「もしかしたら，ギャンブルで大儲けできるかもしれないし，ブランド品で身を包んだ姿をSNSにアップし続けたら，インフルエンサーになれるかもしれないんじゃないかな？」

「そんなの，常識的に考えて無理ですよ！」

　アレコレ屁理屈をこねられると，何が正しいか混乱してしまいますよね。一般的な感覚が信頼できるという局面は多々あります。でも，お金について思考をめぐらすときは，「常識」という感覚論も大切ですが，その前に，経済合理性の観点から考える癖を養いましょう。

「感覚論でなく，数字で考えてみたらどうだろう？」

「そうか，ギャンブルは胴元が儲かる仕組みになっているので，借金してギャンブルしたところで，損失が膨らむだけですね」

　賭けたお金がいくらになるかを期待値といいます。例えば，宝くじの還元率は約45％。つまり，10,000円分の宝くじを買うということは，6,500円をドブに捨てることを意味しています。このため，宝くじは「愚か者に課せられた税金」とも呼ばれています。
　「買わなきゃ当たらない」という意見は間違っていませんが，「買っても天文学的確率でしか当たらない」が正しい表現になります。

「胴元がいるので，期待値が100%を超えるギャンブルは存在しない。中には運よく億万長者になる人もいるけど，そんな天文学的確率の幸福が，都合よく自分のところにやって来るだろうか？」

　まともな金融機関では，ギャンブル目的で融資の相談に行ったところで，門前払いされてしまいます。結果として，怪しい業者から高い金利で借金してギャンブルし，有り金を全て失い，さらに借金を重ねてしまう。辿り着く先は破滅しかありません。

「宝くじの１等当選みたいな幸福は自分のところにやってくるけど，交通事故や難病のような不幸は自分の身に降りかからないと都合よく考えてしまうのは，一貫性がありませんね」

「浪費についても同じように考えればいい。ブランド品は，商品が手元に残るだけまだマシだけど，ギャンブルや飲み屋で散財（さんざい）してしまったら，後に残るのは借金だけだよ」

「借金してギャンブルや浪費なんてしたら，ロクなことになりませんね」

■借金のメリット
① 時間を買う
「次に，良い借金について考えてみよう」

「起業するときや，飲食店を始めるとき，銀行で融資を受けることがありますよね。成功するか失敗するか，やってみないと分からないので，ギャンブル的要素はありますが，これは良い借金と言えるのではないでしょうか？」

「夢を買うからかな？」

「意地悪言わないでください！　資本が少なくても始められる商売であれば，頑張って起業資金を貯めてから始めても遅くありませんが，まとまった資金が必要な商売は，コツコツ働いてお金を貯めていたら，いつまでたっても始めることができません」

　飲食店の開業には，300万円〜2,000万円ほど必要と言われています。開業後は家賃や給料が発生するので，ある程度まとまった資金を準備しておかないと，すぐに資金ショートしてしまいます。借金なしで開業するのは，現実的ではありません。

「つまり，時間を買うということだね。資金が足りないと嘆（なげ）いていたら，いつまでたってもスタートできない。借金して設備投資をすることにより，会社の成長スピードを上げることもできる。つまり，借金は企業の成長に欠かせないんだよ」

「時間を買うという意味では，資格の勉強も一緒ですよね。本気で資格を取得したいなら，専門学校の受講料を貯めるのに時間をかけるよりも，借金してでも受講料をかき集めて，今すぐ勉強を始めるのが近道ですよね」

「そのとおり。お金で時間を買うという発想を持っておこう」

②　レバレッジ効果

「投資の世界では，借金をして投資をすることが好まれる。借金にはレバレッジ効果と呼ばれる，投資効率を高める効果がある」

（例1）

投資金額：100万円（全額自己資金）

損益　　：10万円

利回り　：10万円÷100万円=10%

「自己資金100万円を投資して，利益が10万円だったとしたら，利回り（投資リターン）は10%だよね。もし，100万円のうち半分の50万円を借金した場合はどうなるだろう」

（例2）

投資金額：100万円（自己資金50万円，借入金50万円）

利息　　：1万円

損益　　：9万円（10万円−1万円）

利回り　：9万円÷50万円=18%

「借金したことにより，利息を支払うので，利益は9万円に減ってしまう。ただし，自己資金は50万円なので，利回りは18%と大幅にアップする。このように，少ない元手で大きな効果をもたらすことは，レバレッジ効果（てこの原理）と呼ばれている」

　てこ（レバー）を使えば，力の弱い人でも，重い物を持ち上げることができますよね。これがレバレッジ効果の語源です。

「借金してギャンブルするのはダメだけど，投資は良いのですか？投資も，常に儲かるとは限らないですよね？」

「目のつけどころがいいね。次に，投資で損をした場合を考えてみよう」

（例３）

投資金額：100万円（全額自己資金）

損益　　：▲10万円

利回り　：▲10万円÷100万円＝▲10%

「もし，自己資金100万円を投資して，損失が10万円だったとしたら，利回り（投資リターン）は▲10%だよね。では，50万円借金した場合はどうなるだろう？」

（例４）

投資金額：100万円（自己資金50万円，借入金50万円）

利息　　：１万円

損益　　：▲11万円（－10万円－１万円）

利回り　：▲11万円÷50万円＝▲22%

「10万円の損失に，利息の支払いを加えた，合計11万円のマイナスになってしまう。自己資金は50万円なので，利回りは▲22%。このように，投資で損をした場合もレバレッジ効果が働くので，損をしたときはマイナスのリターンが増幅してしまうんだよ」

「不動産投資やFXは，まさにレバレッジを利用した投資ですね？」

　FX（外国為替証拠金取引）とは，米ドルやユーロ，ポンドなどの通貨の売買を行う取引のことです。国内では，レバレッジは最大25倍までに規制されています。手軽な資金で始めることができますが，レバレッジが大き過ぎると，ちょっとした価格変動で大損してしまいます。

「FXは投資だと勘違いされがちだけど，通貨の価格変動，つまり，上がるか下がるかに賭ける丁半博打。期待値50%（さらに取引手数料がかかる）のギャンブルなんだよ。損失を取り戻そうとしてのめり込んでしまうと，結果として有り金を全て失ってしまう」

「借金を利用するときは，投資かギャンブルか見分けないといけませんね」

3 リボ払いはするな！

「キャッシュレス化が進み，クレジットカードを使用する機会が増えたよね。カード決済は便利だけど，支払方法については気をつけよう」

クレジットカードの支払方法は，一括払い，分割払い，リボ払いの３種類あります。

一括払い：利用金額を１回で支払い。手数料なし。
分割払い：利用金額を指定回数で支払い。３回払い以上は手数料あり。
リボ払い：毎月設定した金額の支払い。手数料あり。

「分割払いとリボ払いの違いがよく分かりません」

「分割払いは，月々の支払いを，12か月とか24か月とか，毎月分割して支払う方法で，実質金利は12%〜15%くらいかな」

（例1）

購入金額　　：100,000円
手数料　　　：8,310円
支払回数　　：12回
初回支払額：9,310円
2回目以降：9,000円

（例2）

購入金額　　：100,000円
手数料　　　：16,370円
支払回数　　：24回
初回支払額：5,970円
2回目以降：4,800円

「支払回数が多くなると，毎月の支払額は少ないので家計の負担は減りますが，手数料が増えますね。あれっ，分割払いって，元利均等返済と似ていますね？」

「分割払いや，手数料という言葉で勘違いさせられるけど，実質的には12～15％の高金利で借金しているのと変わらないんだよ」

　分割払いの経済的実質は，借金と変わりません。借りたお金で買い物をするか，手数料を支払って分割払いにするかの違いです。

「リボ払いは，毎月の支払額を1万円とか，3万円など一定金額に設定して支払う方法で，分割払いと同様に実質金利は12％～15％になる」

リボ払いには，定額方式と残高スライド方式があります。定額方式は，買い物をした残高が増えても，支払う金額は一定のまま変わりません。残高スライド方式は，あらかじめ決められた支払残高に応じて，毎月の支払額が変動します。

(例3)

購入金額　　　：100,000円

手数料　　　　：15％

毎月の支払額：1万円

▶図表5－6　リボ払いの返済イメージ

(円)

月数	支払額	手数料	支払い合計	残高
1	10,000	1,250	11,250	90,000
2	10,000	1,125	11,125	80,000
3	10,000	1,000	11,000	70,000
4	10,000	875	10,875	60,000
5	10,000	750	10,750	50,000
6	10,000	625	10,625	40,000
7	10,000	500	10,500	30,000
8	10,000	375	10,375	20,000
9	10,000	250	10,250	10,000
10	10,000	125	10,125	0
合計	100,000	6,875	106,875	-

「リボ払いは毎月の支払額に応じて残高が減っていくので，残高に乗じて計算する手数料も毎月減っていく。こちらは，元金均等返済のようなイメージですね」

「1つの購入だけみればその通り。だけど，リボ払いには大きな落とし穴が隠されている」

　リボ払いでは，毎月一定額返済すればよいと安心し，次々と買い物をしてしまうと，元本部分が膨れ上がってしまい，支払額の設定次第では，半永久的に元本がなくなりません。

「元本がなくならないということは，実質的に，12〜15％の高い金利で，半永久的に借金をしていることになる。カード会社が，しきりにリボ払いへの変更を勧めてくるのはこのためなんだよ」

「12〜15％で借金し続けているなんて，考えてみたらゾッとしますね…」

　手軽に利用できるからといって，安易にリボ払いを選ぶと，返済が追い付かず，結果として多重債務者となってしまうリスクが高まります。

「高い手数料を払い続ければ，家計が苦しくなるのは当然です」

「一括払いできないような買い物は，なるべく控えよう。どうしても必要なときは，分割払いを選択して，前倒しで返済しよう」

4　奨学金という名の罠

「奨学金が原因で，自己破産が増えているそうですが，余裕のない学生を支えるための制度ですよね？　返済が必要なんて知りませんでした」

「奨学金は，給付型と貸与型の2種類に分かれている。奨学金という言葉で一括りにされているので，返済不要と勘違いしてしまいがちなんだよ」

> （奨学金）
> 給付型：返済不要
> 貸与型：返済が必要→借金！

「英語では，返済不要なものをスカラーシップ（scholarship），貸与型を学生ローン（student loan）と，明確に区別されている」

「つまり，貸与型は，借金ということですね」

　人気医療ドラマ「ER」の作中では，ジョージ・クルーニー扮する小児科医をはじめ，多くの登場人物が，多額の学生ローン（医大の学費）の支払いに追われているシーンが描かれています。

「貸与型の場合，借金というハンデを抱えて，社会人生活をスタートすることになってしまう」

　独立行政法人日本学生支援機構のホームページによると，貸与型には，無利息の第一種奨学金と，卒業後に利息が付く第二種奨学金に分かれています。第二種奨学金の場合，貸与額は月額20,000〜120,000円です。

「大学の4年間，毎月50,000円借りると2,400,000円，毎月100,000円だと4,800,000円もの借金を抱えてしまうことになりますね！」

「学生の頃は，就職すればすぐに返済できるものだと軽く考えてしまいがちだけど，現実はそう甘くない。15〜20年くらいかけて返済されることが多いらしい」

　国税庁の民間給与実態統計調査（令和2年9月）によると，年間平均給与は436万円ですが，新入社員は手取り200〜240万円でやり繰りしなければなりません。給料が高い会社に就職して，数年で返済してしまう人もいますが，40歳を超えても返済を続けているケースもあります。

「考え方によっては，奨学金を返済するために働いているようなものですね」

「奨学金の返済ができる給料を稼げるなら，まだ救いがある。生活するのにギリギリの給料しか稼げない状況が続くと，結果として自己破産になりかねない」

　自己破産すれば，借金返済の負担からは解放されますが，次のデメリットが生じます。

① 財産を処分して返済に充てる。
② 保証人，連帯保証人に返済義務が移る。
③ 弁護士や税理士といった士業の資格登録で一定期間制限を受ける。

「自己破産ギリギリの状態では，そもそも財産を持っていることは少ないかと思います。弁護士や税理士なら，頑張って返済できるでしょう。問題は，家族が保証人や連帯保証人になっているケースですね」

「保証人制度については後述するけど，家族が奨学金の保証人になっていたら，保証人が返済することになる。場合によっては，自宅を失い，連鎖して家族も自己破産してしまいかねない」

　奨学金は，多くの学生の助けになっていることは事実ですが，奨学金が原因で不幸になってしまう人も存在します。奨学金には，負の側面もあるのです。

「借金の仕組みをきちんと理解していれば，アルバイトで数万円でも稼ぐなど，貸与額，つまり借金の元本が膨らまないよう対策できますね」

「貸与型で進学するときは，借金までしてその学校に入学する価値があるのか，返済する覚悟があるのか，よく考えて決断しよう」

5　借金の保証人にはなるな！

「子供の頃，借金の保証人にだけはなるなと教えられるよね」

「借金の保証人になってしまうと，他人の借金を肩代わりしないといけないんですよね。他人の借金のために不幸になるなんて，悲惨としか言いようがありません」

　借金の保証人を頼んでくる人の常套句は，「絶対に迷惑かけない」です。この言葉を信じて，不幸になってしまった人は星の数ほど存在します。当の本人は夜逃げしてしまい，残された保証人は身ぐるみ剝がされ，一家離散という話は枚挙に暇がありません。

「一口に借金の保証人といっても，保証人と連帯保証人の２種類あり，連帯保証人の方が責任は重くなる」

「保証人と連帯保証人って何が違うのですか？」

　連帯保証人には，「催告の抗弁権」，「検索の抗弁権」，「分別の利益」が
ありません。以下の説明では，お金を貸した人を「債権者」，お金を借り
た人を「主債務者」と呼びます。

「保証人は，債権者から“金を返せ！”と言われても，“主債務者
に返してもらってくれ！”と主張することができる。これを催告
の抗弁権という。しかし，連帯保証人には，この権利がない。つ
まり，連帯保証人は，債権者からいきなり返済を請求されても，
文句を言うことができないんだよ」

（催告の抗弁権）
保証人　　　：主債務者より先に返済を請求されたら文句を言える。
連帯保証人：主債務者より先に返済を請求されても文句を言えない。

「次に，主債務者が返済するのに十分な収入や財産があるにもか
かわらず，返済を拒んだとする。業を煮やした債権者から返済を
請求されたとき，保証人は債権者に対して，主債務者の財産を差
し押えるよう主張することができる。一方，連帯保証人はこのよ
うな主張をすることができない。これを検索の抗弁権という」

（検索の抗弁権）
保証人　　　：主債務者に返済資力があるなら，主債務者の財産を差し押さ
　　　　　　　えろと主張できる。
連帯保証人：主債務者に返済資力があっても，主債務者の財産を差し押さ
　　　　　　　えろと主張できない。

「極端な話，主債務者が財産を持っているにもかかわらず，開き直って返済しないときは，連帯保証人が返済しなければいけないってことですね」

「催告の抗弁権と検索の抗弁権があったとしても，保証人が借金の返済をせざるを得ない事態になったとしよう。保証人が複数いるとき，保証人の負担は頭割りになる。これを分別の利益という。一方，連帯保証人の場合は，複数いたとしても，それぞれが全額負担する義務を負うことになる」

（分別の利益）
- 借金1,000万円，保証人2人→それぞれ500万円負担
- 借金1,000万円，連帯保証人2人→それぞれ1,000万円負担する義務を負う（一方が全額返済したら，もう一方は返済不要）

「連帯保証人は，自分が借金したのと変わりませんね。保証人にもなりたくありませんが，連帯保証人になるなんてとんでもありません。借金の保証人にはなるなという理由が分かりました」

「家族や親戚，友人から泣きつかれても，借金の保証人になるかは，慎重に判断しないとね。たとえ，恩知らずと罵られても，シビアな対応はやむを得ないんじゃないかな」

　ところで，中小零細企業が金融機関から融資を受けるとき，社長が連帯保証人になることが一般的です。このため，会社が倒産してしまうと，社長は会社の負債を一身に背負うことになります。テレビドラマで，倒産した会社の社長一家が夜逃げするシーンを目にすることがありますが，会社

の債権者から返済を迫られるからです。

　なお，上場企業は，社長が個人保証をすることはありません。会社が上場するタイミングで，社長の個人保証は解除されるので，上場までこぎつけたという達成感以上に，個人保証から解放されてホッとしたという声を耳にします。万が一，上場企業が倒産してしまっても，社長は夜逃げする必要はないし，自宅を失うこともありません。一口に社長といっても，中小零細企業の社長と上場企業の雇われ社長では，背負っているリスクが雲泥の差なのです。

6　マイホームは負債？

「一般的な家庭の最大の借金は，住宅ローンで間違いないんじゃないかな」

「マイホームに対する憧れはありますが，多額の住宅ローンを背負うのは躊躇してしまいます」

　「金持ち父さん」こと，ロバート・キヨサキ氏が，ベストセラーにもなった著書「金持ち父さん貧乏父さん」で，「マイホームは負債」だと切って捨て，世間に衝撃を与えました。

「1章で，土地や建物といった不動産は“資産”だと教わりましたよね。なぜ，負債なのですか？」

「もちろん，不動産は会計の定義では“資産”になる。ただ，考え方によっては，負債になり得るんだよ」

資産とは「将来の収益」をもたらすもの，負債とは「将来の損失」をもたらすものです。これを，不動産に当てはめてみましょう。

「都心の優良な収益物件は，安定的な家賃収入をもたらしてくれるので，資産だよね」

マイホームを保有すると，住宅ローンの金利や，修繕費，保険，固定資産税といった保有コストが発生します。土地は景気により価格が変動しますが，建物は古くなると価値が下がります。つまり，「将来の損失」をもたらすので，「負債」だという理屈です。

「住宅ローンは，利息だけで1,000万円を超えることも珍しくない。マイホームに限らず，郊外の空室だらけのアパートや，地方のリゾートマンションも，保有すると赤字を垂れ流すことになるので，実態としては負債だよね」

地方や郊外で，地主の相続税対策を目的に，次から次へとアパートが建築されたため，供給量が賃貸需要を超えてしまい，空室だらけのアパートが増えています。また，リゾートマンションは，温浴施設やジム等の設備のため，管理費や固定資産税の負担が重く，売値が安いからといって購入してしまうと，赤字を垂れ流すことになりかねません。

「マイホームを売却して，儲かった人もいますよね。それでも負債といえるでしょうか？」

「不動産価格は，常に変動するから，安いときに買って，高いときに売れば，利益が出る。マイホームを譲渡した場合，税務上の

特例があるので，結果として儲かることもあるけど，あくまでも結果論なので，マイホームが負債となり得る視点は持っておいて損はないんじゃないかな」

　居住用財産を譲渡した場合，一定の要件を満たせば，譲渡所得から最高3,000万円まで控除できます。例えば，3,000万円でマイホームを購入し，10年後に4,500万円で売却したとしましょう。この場合，譲渡益の1,500万円（正確には取得費等の計算をします）は課税されないので，居住期間中のコストを吸収できてしまいます。

　つまり，10年間の住宅費用が実質無料（売却益によっては，さらに現金がプラス）という経済効果を得られたことになります。これは，住宅ローンによるレバレッジ効果が，プラスに働いたためです。

7　上場企業の借金

　「最後に，上場企業の借金についてみてみよう。借金をするときの参考になると思う」

　上場企業の決算書は，EDINETで開示されています。GoogleやYahooで「EDINET」と検索してみましょう。

　「家計の参考になる任天堂，ユーグレナ，ヒューリックの貸借対照表を用意した。借金（短期借入金と長期借入金）に注目して，それぞれどの会社に該当するか考えてみよう」

▶図表5－7　会社Aの連結貸借対照表

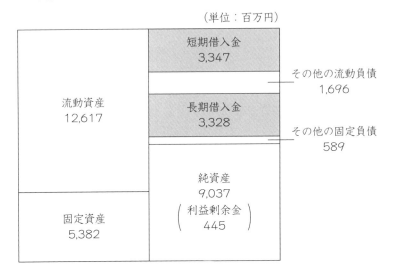

（単位：百万円）

▶図表5－8　会社Bの連結貸借対照表

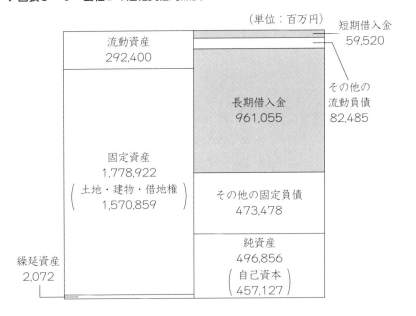

（単位：百万円）

▶図表5−9　会社Cの連結貸借対照表

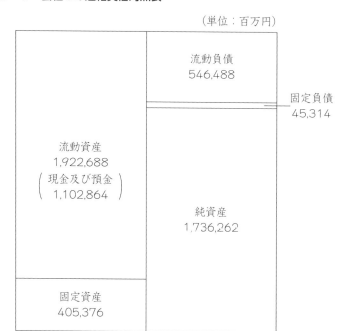

（単位：百万円）

※1　短期借入金　0
※2　長期借入金　0

（ヒント）

任天堂　　　：マリオでお馴染みのゲーム会社。Nintendo Swichが人気。
　　　　　　　昭和世代はファミコンの会社といった方がしっくりくる。

ユーグレナ　：ミドリムシで有名な会社。ミドリムシを用いた食品，化粧
　　　　　　　品を販売している。近年は，バイオジェット燃料の商業化
　　　　　　　に取り組んでいる。

ヒューリック：旧富士銀行系の不動産会社。オフィスビルをはじめとした，
　　　　　　　優良物件を多数運用している。

「会社AとBは借入金が多く，会社Cは借入金ゼロの無借金経営です。このあたりが手掛かりになりそうですね」

「良いところに気づいたね。では，3社のうち無借金経営の会社Cがどの会社に該当するか考えてみよう」

「ベンチャー企業は研究開発で資金が必要になるので，ユーグレナは当てはまらないと思います。ゲーム会社は開発や工場で資金が必要ですし，不動産会社も物件を購入するとき，資金が必要ですよね。最後の2択が難しい」

「レバレッジ効果を思い出してみよう」

「借入れをして投資効率を高めるということを考えると，不動産会社で無借金経営は当てはまりそうにありません。消去法で，無借金経営の会社Cは任天堂ですね！」

「正解！　任天堂はファミコン時代からの長年の利益が蓄積されているし，マリオやゼルダといった優良なコンテンツを数多く保有している。花札事業からテレビゲームに事業転換した当初は，借入をしていたかもしれないけど，今やキャッシュリッチ企業として知られているんだよ」

　図表5－9のとおり，任天堂は現預金を1兆円以上保有しているキャッシュリッチ企業です。財務体質が健全で，借金をする必要がありません。

「会社AとBは，借金の規模が違いすぎますね。会社Aは約67億円，会社Bは1兆円を超えています。ベンチャー企業が1兆円も借入れできるとは思えないので，会社Aがユーグレナ，会社Bが

ヒューリックですね！」

「ご名答！　今回は借金だけに注目してもらったけど，資産構成
や，損益計算書を見ればもっと分かりやすかったかな」

　急成長しているベンチャー企業は，研究開発に多額の資金を必要とする
ものの，売上につながるまで時間がかかります。赤字の状態を耐えるため
には，借入れは欠かせません。

「ユーグレナの利益剰余金をみると，約4.5億円のマイナスとなっ
ています。赤字なので借金に依存しているということですね」

　一方，ヒューリックの借入金は，約1兆200億円（59,520百万円＋
961,055百万円），自己資本4,571億円の2倍以上の借金をしているところか
ら，レバレッジを効かせた経営をしていることが読み取れます。

「ヒューリックは，土地，建物，借地権の合計が約1兆5,700億円
になるので，単純計算ですが，不動産の約65％（1兆200億円÷
約1兆5,700億円）を借入れで賄っているんでしょうね」

「3社は業種も業態も異なるし，個人の家計とはスケールが違う
けど，実は家計に通じるものがある。まずは，無借金経営の任天
堂。個人にあてはめると，どのような人が該当すると思う？」

「超富裕層でしょうか？」

　キャッシュリッチという点だけみれば，一般庶民には当てはまりそうに

ありません。ところで，無借金という点に注目してみると，どうでしょう？

「住宅ローンを完済していて，年金と貯金だけで悠々自適の生活をしている，裕福な高齢者ですね！」

「高齢者に限らず，ローンなしの持ち家という点がポイントだね。商売にたとえるなら，自宅兼店舗で家族経営しているお店を想像してみよう」

　住宅街に，いつ潰（つぶ）れてもおかしくなさそうな，飲食店，電気屋，クリーニング屋，洋服屋を見かけることがあります。とても儲かっているようには見えないので，経営が成り立っているのが不思議です。その謎（なぞ）を解（と）く鍵（かぎ）が無借金経営です。

「無借金，かつ住宅費用や給料といった固定費が限られるので，極端な話，家族が生活できる程度の収入さえあれば生きていける。任天堂と比較するのはおこがましいけど，借金がないので，多少の不況ではびくともしない」

　コロナ禍で，多くの飲食店では，売上が大幅に減ってしまい，家賃や給料の支払いや，借金の返済で大変な思いをしています。一方，自宅兼店舗で無借金，家族で営んでいるお店は，そこまで深刻な状況ではありません。景気が良くても大儲けできないスモールビジネスではありますが，不況に強い構造になっています。

「次に，ユーグレナはどうだろう？」

「給料では生活費を賄えず，キャッシングで自転車操業している家計のような印象を受けました。ボーナスのような臨時収入や，転職して給料を上げなければ，なかなか借金生活から抜け出せません」

「このタイプは，一発逆転のためギャンブルに手を出してしまい，さらに借金が増えてしまう傾向があるので気をつけよう」

　起業したばかりの会社は，売上が安定するまで，借金でしのぐことは珍しくありません。ベンチャー企業の多くは，資金調達に苦労しています。ただし，これらは売上を上げるために必要な借金です。成功するかどうかは運にもよりますが，当たれば大きく売上を伸ばすことができます。

　一方，生活費を借金で賄っている自転車操業の家計は，負のスパイラルに陥っています。先ずは，借金を完済することが先決です。

「最後に，ヒューリック。これは分かりやすいよね」

「個人にたとえるなら，サラリーマン大家さん，いわゆる“メガ大家”の典型ですよね。目いっぱい借入れをして収益物件を買っていますが，まさに，レバレッジを効かせているわけですね」

「レバレッジ効果は，悪い方にも働くことは説明したよね。良い物件を見抜く眼力がないと，大変なことになってしまう」

　社会問題にもなった，女性向けシェアハウス「かぼちゃの馬車」など，安易な不動産投資で破綻してしまうサラリーマン大家さんは少なくありません。不動産に投資するときは，空室リスクや購入金額の適正性などの精

査が必要です。

「起業するにしても，不動産投資をするにしても，ボクみたいな
小心者は，借金があったら夜も眠れません。無借金経営で地道に
生きていこうと思います」

6章
不動産のはなし

　衣食住のなかで，飛び抜けて家計の負担になっているのが住宅費用。これは，賃貸でも持ち家でも一緒です。この章では，不動産についてみていきましょう。

1　アパートの家賃負担はどのくらい？

　社会人になってはじめて一人暮らしをすると，その負担の重さに驚くことでしょう。社宅や社員寮がある会社でなければ，不動産屋をまわって，自分で物件を探します。まず，アパートやマンションを借りるときに必要な費用をみていきましょう。

■物件を借りるとき

① 家賃　　　：毎月支払う費用。

② 共益費　　：同上。

③ 敷金　　　：入居時に大家さんへ預けるお金。退去時に返還される。

④ 礼金　　　：入居時に大家さんに支払う一時金。返還されない。

⑤ 仲介手数料：不動産会社に支払う手数料。

⑥ 火災保険料：契約期間（通常2年）分を一括払い。

⑦ 鍵交換費用：入居時に鍵を取り換えるための費用。

⑧ 保証料　　：家賃保証会社をつける場合，契約期間分を一括払い。

■契約を更新するとき

① 更新料 ：契約更新時に大家さんに支払う費用。

② 更新手数料：契約更新時に不動産会社に支払う費用。

③ 火災保険料：契約期間（通常2年）分を一括払い。

④ 保証料 ：家賃保証会社をつける場合，契約期間分を一括払い。

■退去するとき

① クリーニング費用：部屋のクリーニングに必要な費用。

② 原状回復費用 ：自分の不注意で部屋を汚してしまったときの修 繕費。

■その他の費用

① 引っ越し費用。

② 家具の購入，処分費用。

③ 水道光熱費（電気，ガス，水道料金）。

④ テレビの受信料，固定電話代（使用する場合）。

「一人暮らしって，めちゃくちゃお金がかかりますね。これじゃ，お金が貯まらないわけだ」

「社会人になったばかりの頃は，社宅や社員寮がある人は恵まれているね」

　引っ越しが好きで，更新の度に引っ越す人がいます。気分を一新する効果はあるかもしれませんが，大きな出費になってしまいます。

　では，物件を借りるときの初期費用からみていきましょう。

「家賃と共益費は何が違うのですか？」

「共益費とは，廊下やエントランスといった，共用部分の維持費用だよ」

> （設例1－1）アパートを借りるとき
> 家賃　　　：7万円
> 共益費　　：1万円
> 敷金　　　：2か月分（14万円）
> 礼金　　　：1か月分（7万円）
> 仲介手数料：1か月分（7万円）
> 鍵交換費用：1.5万円
> 火災保険料：2.5万円
> 保証料　　：3万円

＊消費税は考慮外とする（以下同様）

　アパートやマンションの廊下やエントランスは，共用部分と呼ばれています。共用部分にも電気代や清掃費，修繕費といった費用が発生するので，大家さんは，共用部分の維持費用を入居者に請求します。

　家賃に共益費が含まれている場合（「共込み」と呼ばれています）もあれば，家賃とは別に金額が設定されていることもあります。家賃と共益費は，毎月末に翌月分を前払いするのが商慣行となっています。

「共益費は，実質的には家賃と同じなので，合計金額を家賃と思って問題ないよ」

「何で家賃と共益費を区別するんですか？」

「昔からの商慣行の名残りもあるけど，家賃と共益費を分けると家賃が低く見えるので，ネット検索でひっかかりやすくなるよね」

「家賃7万円だと思ったら，実は8万円だったという訳ですね！共益費の有無は気をつけないといけませんね」

　敷金，礼金，更新料は家賃の○か月分として設定されることが一般的なので，家賃と共益費に分かれていれば，共益費の分，これらの費用負担は少なくなります。設例の場合，敷金2か月分，礼金1か月分なので，敷金は14万円（家賃7万円×2か月），礼金は7万円（家賃7万円×1か月）です。

「敷金と礼金は何が違うんでしょうか？」

「敷金は，入居期間中，大家さんに預けておくお金なので，退去するときに返還される。礼金は，大家さんの懐に入るお金なので，戻ってこないんだよ」

「敷金は百歩譲るとしても，礼金は，負担が少ない物件を選びたいですね」

　敷金・礼金は，賃料の0〜2か月分くらいが相場です。「ゼロゼロ物件」とは，敷金0・礼金0の物件のことで，初期費用の負担が軽くなります。築年が新しい物件は，敷金・礼金の負担が重くなる傾向にあり，犬や猫などのペット可の場合，部屋が汚れてしまいがちなので，敷金の負担が増えるのが一般的です。

「仲介手数料，火災保険料，鍵交換費用，保証料も必要になる。引っ越し費用や家具の購入・処分費用も忘れてはいけないね」

　仲介手数料は，不動産会社に支払う手数料で，賃料の0.5〜1か月分が相場です。火災保険料と家賃保証会社の保証料（保証人がいない場合や保証会社を付けることが必須の場合）は，契約期間分（一般的には2年間）を一括で支払います。鍵交換費用は入居時の鍵の取り換え費用で，1〜3万円くらいが相場です。

　設例1−1の初期費用は，35万円（敷金14万円+礼金7万円+仲介手数料7万円+鍵交換費用1.5万円+火災保険料2.5万円+保証料3万円）です。

「初期費用は想像以上ですね！」

　ところで，賃貸借契約は2年ごとに更新となります。更新時に，更新料などの費用が発生するという落とし穴があるのです。

> **（設例1−2）賃貸借契約を更新するとき**
> 更新料　　：1か月分（7万円）
> 火災保険料：2.5万円
> 保証料　　：3万円

「契約更新のタイミングで，大家さんに対して，更新料という名目の手数料を支払うことが慣行となっている。同時に，火災保険料や保証料の支払いも必要になるんだよ」

　更新料は，賃料の1か月分が相場です。更新料がかからない物件もあり

ますが，その代わり賃貸管理会社に対して，更新事務手続きのための事務手数料を支払うことが一般的です。「そんなこと聞いてない！」とならないように，契約時には，賃貸借契約書をきちんと確認しておきましょう。

　設例１－２の更新費用は，12.5万円（更新料７万円+火災保険料2.5万円+保証料３万円）になります。

　　「初期費用ほどではないですが，12.5万円の出費は痛いですね。月々の支払いと合わせると，１か月で20.5万円（７万円＋１万円＋12.5万円）の支出になってしまいます。更新のタイミングで引っ越しを考える人が多い理由が分かりました」

　急な事情で，更新直後に引っ越さざるを得ないこともありますが，更新料が無駄になってしまうので，更新直後の引っ越しはなるべく避けるようにしましょう。

> （設例１－３）アパートから退去するとき
> クリーニング費用：３万円

　　「退去するとき払うのが，クリーニング費用。トラブル防止のため，最近は，賃貸借契約書に金額が明記されることが増えてきたね」

　クリーニング費用は賃貸面積に応じて金額が増えるので，単身用の物件よりも，面積が広いファミリー物件の方が，金額は大きくなります。

　　「フローリングを傷つけてしまったり，クロスが電球で日焼けしてしまったら，余計に請求されるのですか？」

「通常使用の範囲内であれば，負担する必要はないかな。カーペットにワインをこぼしたり，クロスをタバコで汚してしまうなど，明らかに入居者に過失がある場合は，その分は負担することになるね。余計な支出を増やさないよう，賃貸物件だからといって，雑に扱わないようにしよう」

　退去時には，預けていた敷金14万円と，負担するクリーニング費用3万円を精算します。**設例1−3**の場合，11万円（敷金14万円−クリーニング費用3万円）が戻ってきます。

「敷金は，本来自分のお金とはいえ，忘れた頃に戻ってくるので，ちょっと嬉しい気持ちになりますね」

2　持ち家のコストはいくら？

「マイホームを買うと，住宅ローンの返済だけでも大変ですが，持ち家のコストはどれくらいかかるのでしょうか？」

　不動産を所有すると，固定資産税や管理費など，さまざまなコストが発生します。戸建住宅とマンションでも異なります。

■マイホームを取得したとき
①　不動産取得税：不動産を取得したときに課される税金。
②　仲介手数料　：不動産会社に支払う手数料。
③　印紙税　　　：売買契約書や金銭消費貸借契約書に必要な税金。
④　司法書士報酬：不動産登記をするときに支払う報酬。登録免許税は
　　　　　　　　　実費負担。

⑤　融資手数料等：住宅ローンの融資を受けた金融機関に支払う手数料。

■マイホームを所有しているとき

①　固定資産税・都市計画税：毎年支払う税金。

②　火災保険料　　　　　　：火災に備えた保険。

③　管理費・修繕積立金　　：管理組合に支払う費用（マンションの場合）。

④　修繕費　　　　　　　　：不具合が発生した場合。

（設例２－１）マンションを購入する場合

購入金額　　：3,000万円

不動産取得税：35万円

仲介手数料　：90万円

印紙税　　　：5万円

司法書士報酬：25万円（登録免許税含む）

融資手数料等：60万円

火災保険料　：10万円（一括払い）

「不動産を購入すると，不動産取得税が課税される」

　マンションに課税される不動産取得税は，「固定資産税の価格」の3％です。土地については，令和6年3月31日まで1.5％に減額されています。「固定資産税の価格」は，固定資産税課税明細書や評価証明書に記載されています。

「"固定資産税の価格"は，"時価"より低い水準に設定されているとはいえ，大きな負担になることは間違いない。購入の半年後くらいに納付書が届くので，納税資金を確保しておこう」

「仲介手数料は，賃貸と比べると格段に負担が重いですね」

　売買の仲介手数料は「売買価格の3％」で，売買金額が大きければ，仲介手数料の負担も増えます。新築分譲マンションや新築戸建住宅は，売主である不動産会社から直接購入することになるので，仲介手数料がかかりません。

「仲介手数料がかからない，新築の方がお得じゃないですか？」

「新築物件は，"新築プレミアム"といって，売買価格にデベロッパーの利益が織り込まれているので，仲介手数料がかからないからといって，お得とは限らない」

「安く抑えるには中古物件の方が良さそうですね。それにしても，仲介手数料の負担は大きいな…」

　そのほか，売買契約や住宅ローンの契約書（金銭消費貸借契約書）に必要な印紙税，不動産登記に必要な登録免許税，登記を司法書士に依頼するときの司法書士報酬などがかかります。

「司法書士に頼まず，自分で登記手続きをしても問題ないですか？」

「法務局の窓口で丁寧に教えてくれるから，自分で登記手続きをして，コストを抑えることは可能だよ。ただし，現金決済のときに限られる。住宅ローンの融資を受ける場合は，金融機関が指定

する司法書士に依頼することになるんだよ」

　司法書士報酬をケチって，自分で登記をしようとする人がいますが，その大部分が登録免許税です。司法書士報酬は予算に組み込んでおくのが無難です。

「住宅ローンを借りる場合，融資金額に対して一定割合の融資手数料を支払うことになる。料率は金融機関や借入人の属性によるので，金融機関を選ぶ材料になるね」

「月々の利息だけでなく，借入時にも手数料を支払うんですね…」

　賃貸と同様，マイホームでも火災保険に加入します。保険期間は最長10年，契約期間ごとに再契約します。契約期間が長い方が割安です。

「火災保険料は一括払いなので，保険期間が長い方が割安だけど，一度に支払う金額が大きくなる。地震保険は任意加入なので，家計の負担を考えて慎重に検討しよう」

「地震保険は，保険料が高いのがネックなんですよね」

　設例2−1の取得コストは，225万円（不動産取得税35万円＋仲介手数料90万円＋印紙税5万円＋司法書士報酬25万円＋融資手数料等60万円＋火災保険料10万円）になり，金額の大きさは賃貸とは比べものになりません。

「世間では，当たり前のようにマイホームを購入していますが，225万円といったら，車1台買えてしまう大金ですね…」

「不動産のような高額の買い物は，日常的に経験していないので，金額の感覚が麻痺してしまうんだよ」

（設例2－2）マンションを保有しているとき
固定資産税　：15万円/年
火災保険料　：10万円（10年分）
管理費・修繕積立金：3.5万円/月
駐車場使用料：2万円/月

「不動産の所有者は，毎年，固定資産税が課税される。**設例2－2**の場合，毎年15万円納付することになるね」

　固定資産税は，毎年1月1日時点の所有者に課される税金です。固定資産税は課税標準額の1.4%，あわせて都市計画税（課税標準額の0.3%）が課税されます。

　固定資産税は，年4回（6月，9月，12月，2月），分割で納付します。**設例2－2**の場合，15万円を4分割した37,500円を，それぞれの時期に納付します。1年分をまとめて納付してしまっても構いません。

　※自治体によって，税率，納付時期が異なることがあります。

「火災保険料は，契約期間ごとに再契約するので，家計の資金繰りのためにも，契約期間を確認しておこう」

「管理費・修繕積立金って何でしょう？」

「管理費とは，マンションの管理を，管理会社に外注する費用だよ。マンションの清掃，点検，警備，修繕工事の発注などを，居住者が行っていたら大変だよね」

　管理会社へ支払う管理費は，所有者が按分して支払います。部屋ごとの負担金額は，マンションの管理規約で定められています。管理費の負担割合は，部屋の面積等に応じて按分されるので，広い部屋ほど金額が大きくなります。

「マンションは，経年とともに不具合が出てくるし，老朽化したら大規模な修繕が必要になる。将来のための修繕に備えて，所有者全員で積み立てるお金が修繕積立金になる」

　管理費と同様，修繕積立金も，所有者が按分して支払う費用で，それぞれの負担金額は管理規約に定められています。マンションは，古くなるほど修繕が必要になるため，中古マンションの購入時には，修繕積立金がしっかりと積立てられているか確認しましょう。修繕積立金が足りないと，修繕のときに持ち出しになってしまいます。なお，修繕積立金はマンションを売却しても，返還されません。

「管理費・修繕積立金は，所有者が按分して支払うので，戸数の多いマンションの方が，金額の負担が少ない傾向がある」

「マンションを買うときに気をつけたいポイントですね」

　マンションの駐車場も無料ではありません。

「車を保有してれば，駐車場が必要になるよね」

「夢のマイホームどころか，お金が出ていくばかりですね…」

　設例2－2の不動産の保有コストは，年間82万円（固定資産税15万円＋火災保険料1万円（10万円÷10年）＋管理費・修繕積立金42万円（3.5万円×12か月）＋駐車場使用料24万円（2万円×12か月），もし駐車場を借りなければ，58万円です。

「マンションは，管理費・修繕積立金がボディーブローのように効いてくるんでしょうね。さらに，住宅ローンを返済するわけだから，家計が苦しいのは当たり前だ…」

　戸建住宅は，所有者が自主管理するため，管理費・修繕積立金はかかりませんが，セコムなどの警備を導入する場合は，警備料の支払いが発生します。将来の大規模修繕や建て替えに備えて，資金を貯めておくことも忘れてはいけません。

3　お金を貯めるなら実家暮らし

「賃貸と持ち家，どちらが有利か，常に議論されていますよね？それぞれの費用を比較して改めて気づきました。お金を貯めるには第三の選択肢，つまり，実家暮らしが最強じゃないでしょうか？」

「実家暮らしの是非については，人それぞれ持論があると思うけど，経済面だけみれば有利であることは間違いないね」

　社会人になっても実家暮らしはちょっと引け目を感じてしまうかもしれません。しかし，社員寮や社宅，住宅補助があるような恵まれた会社ばかりではありません。一人暮らしのメリットは沢山ありますが，実家暮らしの間に，まとまった資金を貯めておくのも選択肢の１つです。

「実家暮らしは，一人前じゃないという意見もありますよね」

「人それぞれ，事情があるのだから，気にする必要はないよ。借金がある人や，リストラで職を失ってしまった人は，つまらないプライドは捨てて，一旦実家に戻ってやり直すのは，悪い選択ではないと思う。収入が断たれると，メンタルがやられて，お金に関する判断力が鈍ってしまうからね」

　収入がないのに無理に一人暮らしを続けていると，もの凄いスピードで貯金残高が減っていき，あっという間に底を尽いてしまいます。下手にキャッシングなどしようものなら，借金のスパイラルから抜け出せなくなってしまいます。経済的に苦しいときは，実家で一から出直す方が，かえって近道です。

「車やマイホームの頭金を貯めるまで，実家に居座るのは"アリ"ですね」

「実家であれば，自己投資にお金をまわすことをお勧めしたい。若い頃は，家賃を払うくらいなら，自分に投資して，稼ぐ能力を身につけた方が，将来役に立つはずだよ」

「４章にもありましたが，若い頃はお金の価値が高いので，家賃なんかより，自分に投資すべきですね！」

4　持ち家と賃貸，どちらが有利？

「持ち家と賃貸，結局，どちらが有利だろう？」

「持ち家派は，最終的にマイホームが残るから有利だと主張します」

　何十年家賃を払っても，賃貸物件は自分のものになりません。大家さんに家賃を払い続けるくらいなら，将来自分の家になる，持ち家が得だという理屈です。

「老後の生活が不安なので，持ち家を好む人もいますよね。年金収入のみで賃貸生活は，不安しかありません」

「賃貸派は，利息の支払いや，保有コストを考えたら，賃貸の方が得だと主張する」

「万が一，無職になってしまうリスクを考えたら，住宅ローンを抱えるべきでないというのは，一理あります」

「賃貸だったら，いつでも収入相応の物件に引っ越せるからね」

　持ち家と賃貸，どちらの理屈も間違ってなさそうです。では，マンションの場合の経済面を比較してみましょう。

「持ち家の場合，保有コストと住宅ローンの返済をあわせると，月々の出費は約17万円（70,000円+99,378円）」

「賃貸の場合は，礼金や更新料を年平均する年間36万円（毎月3万円），家賃と合計すると1か月あたりの負担は15万円になりますね」

（持ち家の場合）
・購入金額（取得費用含む）：3,300万円（頭金300万円，住宅ローン3,000万円）
・保有コスト ：84万円/年（70,000円/月）
・ローン条件 ：元利均等，35年，固定金利2.0%
・返済金額 ：99,378円/月，総額4,174万円（利息1,174万円）

（賃貸の場合）
・家賃 ：12万円/月
・その他費用 ：36万円/年（礼金，更新料，駐車場など）

　家族構成によって住む物件は変わるので，35年間同じ家賃の物件に住む前提は現実的ではありませんが，設例の場合，賃貸の方が，月々の家計の負担は2万円少ないことが分かります。次に，35年間の総額で比較してみましょう。

「持ち家の場合，保有コストが2,940万円（84万円×35年），元利総額で4,174万円，合計7,114万円になる」

「賃貸の場合，6,300万円（15万円×12か月×35年）なので，持ち家より814万円少なくてすみます」

　単純計算すると，35年後のマンションの価値が814万円を超えていれば，持ち家の方が，結果として有利だったと言えそうです。

「マンションは，古くなれば価値が下がりますよね。3,300万円が814万円だと，35年間で価値が約25%に減ったということですが，35年後の価値なんて予想できません」

　持ち家は，ローン完済後にマイホームが残りますが，35年も先の価値は，不確定要素が多過ぎて，誰も予想することはできません。融資の借り換えや，地価が上がったタイミングで売却することもあるでしょう。賃貸にしても，家族構成の変化や物価変動を考えると，35年間の家賃を想定することは不可能です。

「つまり，35年間，同じ家に住むという前提条件に無理があるので，持ち家か賃貸，どちらが有利か，正解なんて無いんだよ」

　1986年に住宅ローンを組んで不動産を購入した人は，バブル景気真っただ中で，高値掴みしたことになります。その後，バブル崩壊で不動産価格は大暴落。さらに，世界通貨危機やリーマンショック，東日本大震災に新型コロナウイルス感染症，100年に1度と呼ばれる出来事が，この35年間で次々と起こっています。持ち家だろうが，賃貸だろうが，35年間もの長期間，同じ前提で比較することは現実的ではないのです。

「持ち家か賃貸どちらが有利か，そもそも正解がないテーマだからこそ，長年議論され続けてきているのだろうね。ただし，持ち家より賃貸の方が，柔軟性に優れているので変化に対応しやすいというのは間違いない。それでも老後が不安な人は，マイホームを買えばいいし，目先の収入が不安な人は，賃貸を選べばいいんじゃないかな」

　デベロッパーは開発利益，不動産会社は仲介手数料，金融機関は利息が主な収入源になるため，持ち家を推奨します。賃貸管理会社は，賃貸仲介や管理が主な収入源なので，賃貸の方が有利だというスタンスです。持ち家か賃貸か，どちらが有利かという意見を参考にするときは，ポジショントークかどうか見極めることも大切です。

5　生活スタイルにあわせた住宅選び

「コロナ禍がきっかけで，在宅勤務が普及したよね。企業もオフィスの家賃を削減できるので，これからは在宅勤務が主流になるかもしれない」

「これまでは，都心に住めば満員電車に乗らなくてすむし，通勤時間を減らすメリットがありました。在宅勤務で通勤がなくなるなら，無理して都心に住む必要はありませんね」

　持ち家でも賃貸でも，都心は住宅コストの負担が，家計を圧迫しています。郊外や地方に移住することで，住宅コストを，大幅に削減することができます。

「これまでは，収入面の心配があったけど，在宅勤務なら会社を辞める必要がない」

「収入が変わらず，生活コストが下がれば，余裕をもった生活ができますね」

　地方は，就職先が限られていること，条件面も都心より低いことが，U

ターン・Ｉターンのネックになっていました。たとえ生活コストが下がっても，それ以上に収入が下がってしまうからです。在宅勤務が普及すれば，この問題は一気に解決します。

「これからは，生活スタイルにあわせた住宅を選ぶことによって，より豊かな生活を送ることができるかもしれないね。経済面だけじゃなく，満員電車での通勤がなくなるだけで，肉体的・精神的に大分楽になると思う」

「でも，若い時は，都心で刺激のある生活をしたいなとも思います。どのような環境に住むかは，年齢や価値観にもよりますね」

　住宅選びのポイントは，年齢や家族構成，働きかた，価値観など，さまざまです。収入と生活スタイルに合った住宅選びをすれば，幸福度があがることでしょう。

7章
保険は不幸の宝くじ

　序章のとおり，金融資産の19.4%を占めるのが保険で，家計を圧迫する原因になっています。事故や病気の備えがあれば，安心ですが，保険は本当に必要でしょうか？

1　社員食堂は営業マンの主戦場

「４月は，社員食堂で保険の営業がすごいですよね」

「学生時代から保険に加入している人は少ないので，新社会人は絶好のターゲットだからね」

　保険の営業マンは，契約を取るのに必死です。

「保険って本当に必要なのでしょうか？　就職したばかりの少ない給料から，保険料を支払うのは大きな負担です」

　年収300万円（手取り240万円）で，保険料が20万円だとすると，手取りの１か月分が保険で消えてしまいます。

「独身で，配偶者や子供がいないのに，１か月分の手取りを保険料で支払っていたら，生活に余裕がないのは当然だよね」

「でも，多くの人が保険に加入しているので，自分だけ加入しないのは不安です」

　周囲から保険に加入するよう，プレッシャーを受けたことは，一度や二度ではないはずです。理由を聞いても，「保険は加入して当たり前」の一点張りで，要領を得ることはありません。保険の仕組みを理解して，本当に必要なものなのか，考えてみましょう。

2　保険の仕組み

「保険の仕組みは複雑なので，細かいことは抜きにして，シンプルに説明していこう」

　もし，事故や病気にかかってしまったら，多額の治療費が必要になるし，小さな子供を残して死亡してしまったら，残された家族は路頭に迷ってしまいます。そのようなリスクを回避するため，保険という制度があります。
　保険の加入者は，保険会社に保険料を支払い，事故や病気になったら，保険会社から保険金が支払われる仕組みです。

「事故や病気にならなければ，保険料が無駄になってしまいますね。何だか損した気分ですが，事故や病気，ましてや死ぬことなんて考えたくありません」

「つまり，保険は当たっても嬉しくない，“不幸の宝くじ”なんだよ」

　死亡保険は，自分が死ぬことにベット（賭ける）する，宝くじと言うことができます。

「何かあったら不安だけど，何事も起こって欲しくない。何とも微妙なギャンブルですね」

3　定期保険と終身保険

　死亡保険を例に，定期保険（掛け捨て）と，終身保険（貯蓄性）を比較してみましょう。

▶図表７－１　定期保険と終身保険の比較

	定期保険	終身保険
保険期間	一定の年齢まで	終身（亡くなるまで）
保険料	安い 更新すると上がる	高い 毎年同額
貯蓄性	なし（掛け捨て）	あり（解約払戻金）

「図表７－１のとおり，定期保険は，保険期間の上限が設けられている。終身保険と比べて保険料は安いけど，更新の度に（年齢が上がると）保険料が上がっていく。保険料は掛け捨てなので，何事もなければ，保険料が無駄（安心料）になってしまう」

「掛け捨てになってしまうのが難点ですが，保険料が安いので，ライフステージごとに，必要に応じて保険をかけたい人に向いていますね」

　ライフステージに応じたリスクヘッジができるので，お金のやり繰りが得意な人は，定期保険が向いています。

「終身保険は，保険料の負担が重いけど，終身，つまり一生涯保障される。中途解約した場合，支払った保険料の全額が戻るわけではないけど，解約払戻金を受け取ることができる」

「保険でリスクヘッジしながら，一部貯蓄するようなイメージですね。保険期間が終身なので，多少保険料が高くても，家族のためと割り切って終身保険を選ぶ人が多いんですね」

　終身保険は，保険料が高いのが難点ですが，残された家族の生活のためと割り切るのならいいかもしれません。

「単身者は，保険料の負担が重い終身保険に加入する経済合理性は少ないだろう。終身保険ではなく，がんなどの病気に備えて，定期保険を上手に活用する方が効果的なんじゃないかな」

「小さな子供がいる家庭であれば，終身保険を選ぶのも悪くないですね。何事もなければ，解約払戻金を老後資金に充てることができます」

　家族構成やライフステージ，年収によって，かけるべき保険は異なります。しっかり働いて，自分で資産運用できる人は，過度に保険に加入する必要はありません。
　また，保険商品の仕組みは複雑なので，シンプルな商品を選択するよう心がけましょう。保険料は，家計にとって大きな負担になりがちです。加入前に，自分のライフプランに合った商品なのか，しっかりと見極めましょう。

8 章

教育とお金のはなし

　ファミリー世帯の家計の，大きな負担となっているのが，教育資金です。高校までの義務教育に加え，塾やピアノ，水泳教室などの習い事や，大学まで通えば，さらにお金がかかります。実家から通学できない場合，学費に加えて，家賃や生活費の仕送りも必要です。この章では，教育費用についてみていきましょう。

1　教育は必要？

　「教育費用は，家計にとって大きな悩みの種となっているよね」

　「日本は，学歴社会ではありますが，高い学費を払ってまで大学まで行く必要があるのでしょうか？」

　ネットが普及して，教育に対する考え方は変化しつつあります。IT企業がネット高校を設立するなど，ちょっと驚きですが，従来の教育が不要になったわけではありません。

　図表8−1と図表8−2のとおり，男女とも，どの年代も学歴が高くなるほど賃金が高く，年齢が上がるほどその乖離（かいり）が大きくなるのが分かります。特に「大学・大学院卒」と他の学歴との比較では，乖離が顕著（けんちょ）であることが読み取れます。

▶図表8－1　学歴，性，年齢階級別賃金

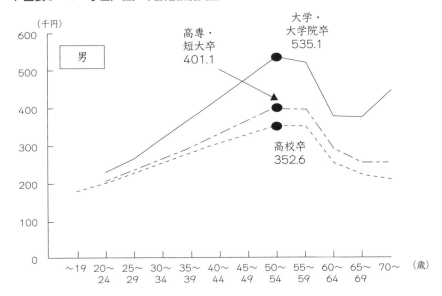

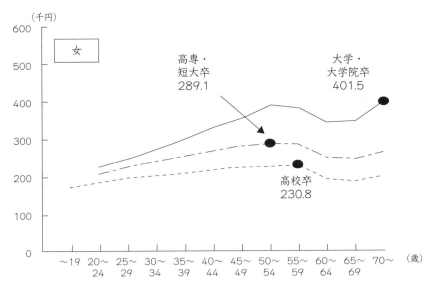

出所：厚生労働省「平成30年賃金構造基本統計調査の概要」

▶図表 8 - 2　学歴，性，年齢階級別賃金，対前年増減率及び年齢階級間賃金格差

平成30年

性，年齢階級		大学・大学院卒			高専・短大卒			高校卒		
		賃金（千円）	対前年増減率（%）	年齢階級間賃金格差（20〜24歳=100）	賃金（千円）	対前年増減率（%）	年齢階級間賃金格差（20〜24歳=100）	賃金（千円）	対前年増減率（%）	年齢階級間賃金格差（20〜24歳=100）
男	年齢計	400.5	0.7	174.1	313.8	0.9	151.2	291.6	0.3	144.7
	〜19歳	−	−	−	−	−	−	180.7	0.7	89.7
	20〜24	230.0	1.3	100.0	207.5	1.6	100.0	201.5	0.2	100.0
	25〜29	263.8	0.0	114.7	236.2	0.3	113.8	227.9	−0.5	113.1
	30〜34	321.1	−0.1	139.6	266.3	−0.3	128.3	255.7	0.5	126.9
	35〜39	373.9	0.9	162.6	297.2	−0.8	143.2	281.4	−0.4	139.7
	40〜44	426.4	−0.1	185.4	331.7	1.3	159.9	308.1	−1.3	152.9
	45〜49	486.1	−0.1	211.3	371.1	0.0	178.8	331.5	0.6	164.5
	50〜54	535.1	0.3	232.7	401.1	0.3	193.3	352.6	0.4	175.0
	55〜59	522.8	1.9	227.3	397.0	0.1	191.3	352.0	1.7	174.7
	60〜64	378.4	1.3	164.5	292.3	2.1	140.9	256.8	1.4	127.4
	65〜69	374.9	−0.4	163.0	255.2	−1.4	123.0	224.4	0.0	111.4
	70〜	447.8	−6.2	194.7	254.7	7.6	122.7	212.3	−2.5	105.4
	年齢（歳）	42.4			41.3			44.8		
	勤続年数（年）	13.3			12.8			14.3		
女	年齢計	290.1	−0.5	129.6	258.2	1.3	124.9	212.9	0.9	115.1
	〜19歳	−	−	−	−	−	−	173.1	2.2	93.6
	20〜24歳	223.8	1.5	100.0	206.8	2.8	100.0	184.9	0.9	100.0
	25〜29	247.5	1.2	110.6	225.2	1.5	108.9	197.0	1.8	106.5
	30〜34	274.7	0.2	122.7	240.2	1.3	116.2	203.1	0.6	109.8
	35〜39	301.1	−0.5	134.5	253.6	0.4	122.6	208.9	−0.9	113.0
	40〜44	332.3	−1.3	148.5	267.6	0.9	129.4	219.4	1.2	118.7
	45〜49	355.7	−3.6	158.9	282.9	1.2	136.8	227.6	2.0	123.1
	50〜54	391.6	1.9	175.0	289.1	0.3	139.8	228.1	0.4	123.4
	55〜59	382.3	0.6	170.8	288.2	0.6	139.4	230.8	2.2	124.8
	60〜64	345.0	−1.7	154.2	251.2	−2.8	121.5	195.1	−1.0	105.5
	65〜69	347.9	−24.1	155.5	246.1	0.4	119.0	189.0	−4.5	102.2
	70〜	401.5	2.8	179.4	264.1	−5.5	127.7	202.1	−3.5	109.3
	年齢（歳）	35.8			41.6			44.8		
	勤続年数（年）	7.7			10.3			10.6		

出所：図表 8 - 1 と同じ。

▶図表8−3　大学・大学院卒と高校卒の賃金差

	学歴	賃金（円）	金額差（円）	％
男性	大学・大学院卒	400,500	−	−
	高専・短大卒	313,800	86,700	78.4%
	高校卒	291,600	108,900	72.8%
	学歴	賃金	金額差	％
女性	大学・大学院卒	290,100	−	−
	高専・短大卒	258,200	31,900	89.0%
	高校卒	212,900	77,200	73.4%

出所：平成30年賃金構造基本統計調査の概要（厚生労働省）を基に著者作成

「図表8−3のとおり，大学・大学院卒の男性の賃金は，高専・短大卒より86,700円，高校卒より108,900円多いことが分かる。男性より乖離が小さいものの，大学・大学院卒の女性の賃金は，高専・短大卒より31,900円，高校卒より77,200円多い。いずれにしても，高校卒は不利だということが読み取れる」

「大学を卒業するとしないとでは，賃金が2〜3割も違ってくるんですね」

　厚生労働省「令和元年簡易生命表の概況（令和2年7月31日）」によると，令和元年の平均余命は，男性81.41歳，女性87.45歳です。男性が81歳，女性が87歳まで生きた場合の，20歳からの賃金を比較してみましょう（右頁表）。なお，イメージをとらえることが目的なので，就職時の年齢は考慮外，平均賃金で単純計算します。

「男女とも高校卒の収入が低いことは変らないものの，女性の場合，大学・大学卒と高専・短大卒の比較では，男性ほどの乖離は

大学・大学院卒との生涯賃金差
・男性
①高専・短大卒：6,346万円（86,700円×12か月×61年）
②高校卒　　　：7,971万円（108,900円×12か月×61年）
・女性
①高専・短大卒：2,564万円（31,900円×12か月×67年）
②高校卒　　　：6,206万円（77,200円×12か月×67年）

みられない。つまり，男性は大学，女性は少なくとも専門学校や短大に進学した方が有利であることが読み取れる」

「教育にお金をかけるというのは，経済合理的な投資だということですね」

2　専業主婦の機会損失

「教育資金の前に，図表8－1～8－3を基に，専業主婦（夫）の経済合理性について考えてみたい」

「最近は共働きの家庭が増えてきましたが，まだ，専業主婦の家庭は多いですよね。専業主夫という言葉も一般化しつつあります」

　昭和の時代は，専業主婦の家庭が主流でしたが，価値観の変遷や，女性の社会進出，終身雇用制度の崩壊を背景に，共働きがあたり前の時代になりました。共働きの方が，経済的に余裕があるのは当然ですが，実際の差がどの程度か，専業主婦の機会損失について数字で検証してみましょう。

138

「女性が専業主婦になるのは，子育てのタイミングが圧倒的に多いと思うので，ここでは30歳で専業主婦になり，87歳まで生きた場合の機会損失を計算してみよう」

「大学・大学院卒で約2億円，高専・短大卒で約1.8億円，高校卒で約1.5億円と，想像以上の金額です。先の調査では，男性の方が，賃金が高いので，専業主夫の場合，機会損失は，より大きくなりそうですね」

「男性の場合，早期退職やリストラのケースが圧倒的に多いと思うので，55歳で早期退職して，81歳まで生きた場合の機会損失を計算してみよう。なお，早期割り増し退職金や，それまでの期間の厚生年金や企業年金を考慮して，調整率70％を乗じることにする」

30歳で専業主婦になった場合の機会損失
① 大学・大学院卒：1億9,843万円（290,100円×12か月×57年）
② 高専・短大卒 ：1億7,661万円（258,200円×12か月×57年）
③ 高校卒 ：1億4,562万円（212,900円×12か月×57年）

55歳で早期退職した場合の機会損失
① 大学・大学院卒：8,747万円（400,500円×12か月×26年×70％）
② 高専・短大卒 ：6,853万円（313,800円×12か月×26年×70％）
③ 高校卒 ：6,369万円（291,600円×12か月×26年×70％）

「55歳まで働いたとしても，機会損失は少なくありませんね。定年まで面倒見るのが当たり前だった老舗企業でも，早期退職を募る会社が増えてきた理由が分かりました」

「生きがいを理由に早期退職をする人も増えているね。もちろん，人生一度きりだし，お金が全てじゃないけど，経済的なことを考えれば，早期退職には慎重になった方がいいんじゃないかな」

　専業主婦（夫）の経済的な機会損失は，学歴による賃金格差とは比べものにならないくらい大きいことが分かります。いくら高学歴でも，仕事を辞めてしまったら，高い教育費用が水の泡です。

「逆に言うと，高校卒の夫婦でも，共働きであれば，高学歴の夫と専業主婦の家庭を逆転できるんじゃないだろうか？」

高校卒の夫婦が18歳から60歳まで働いた場合の賃金総額
夫　：1億4,697万円（291,600円×12か月×42年）
妻　：1億730万円（212,900円×12か月×42年）
合計：2億5,427万円（1億4,697万円＋1億730万円）

大学・大学院卒の夫が22歳から60歳まで，大学・大学院卒の妻は22歳から30歳まで働いた場合の賃金総額
夫　：1億8,263万円（400,500円×12か月×38年）
妻　：1,949万円（290,100円×12か月×8年×※70%）
合計：2億212万円（1億8,263万円＋1,949万円）

※　妻の勤務時期は給料が低い若手時代であるため，調整率として70%を乗じる。

高校卒共働き夫婦と大学・大学院卒専業主婦の家庭の比較
金額差：5,215万円（2億5,427万円－2億212万円）
倍率　：1.26倍（2億5,427万円÷2億212万円）

「高校卒の夫婦は共働きをすることで，大学・大学院卒の夫／専業主婦の家庭より，賃金総額が5,215万円多くなり，学歴差のハンデを解消できることを示している。賃金差は1.26倍なので，一流大学卒の賃金総額を上回ることもあり得るんじゃないだろうか」

「共働きの2馬力の家庭の方が，家計に余裕ができるのは，考えてみれば当然ですよね。共働きの家庭が増えてきたのは，経済合理的に行動する人が増えてきた証拠ですね」

　参考までに，大学・大学院卒の妻が60歳まで働いた場合，1億3,229万円（290,100円×12か月×38年）になるので，夫との合計は3億1,492万円。高校卒夫婦より6,065万円（3億1,492万円−2億5,427万円）多い結果となります。

「パワーカップル，つまり夫婦共に高収入の家庭は最強だよ（笑）」

3　教育費用2,000万円問題

　幼稚園から大学まで，国公立と私立に分けて，教育費がいくら必要となるか見ていきましょう。

「図表8−4−1は国公立と私立の1年間の学費で，図表8−4−2はその総額になる。幼稚園から大学まで，一貫して国公立であれば概ね800万円，私立であれば2,300万円。子供が増えれば，負担も増える」

「私立の学費は高いとは思っていましたが，幼稚園から大学まで，一貫して私立の場合，総額2,000万円を超えてしまうのですね！」

　幼稚園から大学までの学費総額は，国公立と私立の組み合わせにより，800万円〜2,300万円と幅があることが分かります。

▶図表8-4-1　幼稚園から大学までの1年間の学費

（単位：円）

学校	国公立	私立
幼稚園	223,647	527,916
小学校	321,281	1,578,691
中学校	488,397	1,406,433
高校	457,380	969,911
大学	606,300	1,148,544

※私立大学については，1年間の授業料及び施設設備費に入学金を4年で按分した金額を加算
※国公立の大学については，国立大学を基に計算
※国立大学については，施設設備費が別途かかる場合がある

出所：文部科学省公表資料（「平成30年度子供の学習費調査の結果について」，「平成30年度私立大学入学者に係る初年度学生納付金平均額（定員1人当たり）の調査結果について」，「国公私立大学の授業料等の推移」）より著者作成

▶図表8-4-2　幼稚園から大学までの学費総額

（単位：円）

学校	年数	国公立	私立
幼稚園	3	670,941	1,583,748
小学校	6	1,927,686	9,592,146
中学校	3	1,465,191	4,219,299
高校	3	1,372,140	2,909,733
大学	4	2,425,200	4,594,176
合計	19	7,861,158	22,899,102

出所：図表8-4-1と同じ

▶図表8−5　大学の学部別の学費

区分	授業料	入学料	施設設備費	合計	増減率
文科系学部	円 785,581	円 229,997	円 151,344	円 1,166,922	％ 0.1
理科系学部	1,105,616	254,309	185,038	1,544,962	0.3
医歯系学部	2,867,802	1,073,083	881,509	4,822,395	1.1
その他学部	958,445	258,747	234,644	1,451,836	△0.0
全　平　均	904,146	249,985	181,902	1,336,033	0.2

出所：文部科学省「平成30年度私立大学入学者に係る初年度学生納付金平均額（定員1人当たり）の調査結果について」

　図表8−5のように，私立大学は，学部により学費は大きく異なります。医歯系学部は年間約500万円，6年間で3,000万円。医師になるには，学力だけでなく，資金力も必要であることが窺えます。

「教育への投資は効果的とはいえ，現実的には資金力が必要なことが，医歯系学部の学費に顕著に表れているね」

「奨学金も，基本的に貸付型，いわゆる借金なので，金持ちじゃないと医者になれないっていうのは，あながち間違いじゃありませんね」

「ところで，高校については，世帯年収約910万円未満の世帯を対象とした，高等学校等就学支援金制度があるんだよ」

　高等学校等就学支援金制度は，「授業料に充てるための就学支援金を支給することにより，高等学校等における教育に係る経済的負担の軽減を図り，もって教育の実質的な機会均等に寄与することを目的（文部科学省HPより）」とした制度です。令和2年4月から，私立高校生への就学支援金が大幅に拡充されました（図表8−6）。

▶図表 8 − 6　高等学校等就学支援金制度

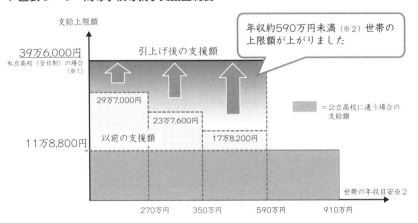

※ 1　私立高校（通信制）は24万7,000円
　　　国公立の高等専門学校（1〜3年）は23万4600円が支給上限額。
※ 2　両親・高校生・中学生の4人家族で，両親の一方が働いている場合の目安（家族構成別の年収目安は裏面下表参照）。

対象となる方の判定基準について

判定基準

○次の計算式（両親2人分の合計額）により判定

【計算式】

市町村民税の課税標準額×6％−市町村民税の調整控除の額

　　　　　　　　　　　　　　　※政令指定都市の場合は，「調整控除の額」に3/4を乗じて計算する。

上記による算出額　＜　154,500円　➡　**支給額：最大396,000円**

（154,500円以上）

　　　　　　　＜　304,200円　➡　**支給額：118,800円**

（参考）支援の対象になる世帯の年収目安			
	子の人数	11万8,800円の支給	39万6,000円の支給
両親のうち一方が働いている場合	子2人（高校生・高校生） 扶養控除対象者が2人の場合	〜約950万円	〜約640万円
	子2人（大学生・高校生） 扶養控除対象者が1人，特定扶養控除対象者が1人の場合	〜約960万円	〜約650万円
両親共働きの場合	子2人（高校生・中学生以下） 扶養控除対象者が1人の場合	〜約1030万円	約660万円
	子2人（高校生・高校生） 扶養控除対象者が2人の場合	〜約1070万円	〜約720万円
	子2人（大学生・高校生） 扶養控除対象者が1人，特定扶養控除対象者が1人の場合	〜約1090万円	〜約740万円

※支給額は，私立高校（全日制）の場合。
※子について，中学生以下は15歳以下，高校生は16〜18歳，大学生は19〜22歳の場合。
※給与所得以外の収入はないものとし，両親共働きの場合，両親の収入は同額として計算した場合。

出所：文部科学省「2020年4月からの「私立高等学校授業料実質無償化」リーフレットより抜
　　　粋

「実質無償とまではいかないかもしれませんが，家計の負担が大きく減るのは間違いありませんね！」

「この支援金の条件を満たすなら，先の800万円～2,300万円は，支援金の分，下振れすることになるね」

「医歯系学部はともかく，大学4年間の学費は国公立で約250万円，私立で約460万円。決して安くはないですが，学歴による生涯年収を考慮すれば，悪くない投資ではありますね」

図表8-3の，大学・大学院卒と高校卒の賃金差108,900円/月の回収期間はどれくらいになるでしょうか？

大学の学費の回収期間
・国公立250万円：23か月（250万円÷10.89万円）で回収！
・私立　460万円：43か月（460万円÷10.89万円）で回収！

単純計算ではありますが，国公立は2年以内，私立は4年以内で回収できます。61年間の賃金格差が男性7,971万円，女性6,206万円であることを考えれば，教育にお金をかけることは，リターンの良い投資といえるのではないでしょうか。

「宝くじやギャンブルは論外として，株式投資や不動産投資と比較しても，教育に対する投資は，堅実かつ，圧倒的に効果的ですね」

「入学する学校のランキングや就職先，就職活動時期の経済情勢など，"運"にも左右されるけど，教育に対する投資効率が良い

のは間違いないんじゃないかな」

「高収入の家庭の方が，教育熱心で，教育への投資を惜しまない
傾向にありますよね。"親ガチャ"なんて言葉もありますが，お
金持ちの家庭の方が有利っていうのは，なんだか複雑な気持ちに
なってしまいます」

「お金持ちの家庭の方が，教育面で有利であることは事実かな。
でも，最終的には本人の努力次第。大事なのは，子供の頃から，
教育の重要性を理解しておくことだよ」

　学校の授業では，教育と将来賃金の相関関係という，"不都合な真実"
を教えてくれません。教育の場で，学歴とお金の関係というデリケートな
テーマを話題にすることは，何かと弊害があるのでしょう。
　ネットを検索すれば，出身大学ごと，会社ごとの生涯賃金を調べること
ができます。気になる大学や会社があれば，事前に調べておくと，参考に
なるかと思います。

9章
投資のはなし

　お金を稼ぐ，最も堅実な方法は労働です。他人の倍稼ごうと思ったら，他人の倍働けばよいわけですが，１日は24時間しかありません。労働で稼ぐには限界があります。働いて稼いだお金を投資にまわすのは，資産形成の合理的な方法といえるでしょう。

　そうは言っても，投資は儲かることもあれば，損することもあります。何の知識もなく，いきなり大金を投じてしまっては，全て失ってしまうことにもなりかねません。投資は自己責任とはいえ，あまりに酷な仕打ちです。ここでは，投資の基本的な考え方を学んでいきましょう。

1 投資の基礎知識

■投資とギャンブル

　「マネー雑誌では，株，債券，不動産，FX，仮想通貨などを一緒くたに扱っている。繰り返しになるけど，FXはギャンブルだから，堅実にお金を殖やそうと思ったら手を出すべきではないね」

　「ビギナーズラックで気が大きくなり，結局大損してしまったという話はよく聞きます」

　為替は政治や経済情勢，要人の発言で急変動することが多々あります。

148

レバレッジが高いと，朝，目を覚ましたらロスカット（強制決済）されて
しまっていたなんてことは珍しくありません。

「FXは，コツコツ勝って，ドカンと負ける典型的なギャンブルだ
ね。老後資金を築くには，長期間かけてコツコツ地道に投資をす
るのが一番の近道。焦って，無茶な勝負に手を出さないよう気を
つけよう」

■時間を味方につける

「投資の世界では，"時間を味方につけろ"といわれている。株価
は常に上がったり下がったり変動しているけれど，超長期的にみ
れば右肩上がりで推移している。短期的な価格変動に一喜一憂せ
ずに，長い年月をかけてコツコツ資産を形成していこう」

　1949年5月16日の日経平均終値は176円21銭でしたが，2021年5月14日
の終値（5月16日は日曜日）は28,084円47銭と，この72年間で約159倍に
なりました。1989年12月29日に38,915円87銭と最高値を付けた後，バブル
崩壊で大暴落。近年では，リーマン・ショックにより2008年10月28日に
6,994円90銭まで下落しました。その後，アベノミクス効果もあり株価は
上昇。2021年9月14日に30,670円10銭と，コロナ禍にもかかわらず，バブ
ル崩壊後の最高値を更新しました

「戦後の復興や高度経済成長期に，株価が右肩上がりで上昇した
のは不思議ではありませんが，バブルやバブル崩壊による株価の
変動は，想像以上ですね。超長期的には右肩上がりとはいえ，買
うタイミングが重要ですね」

「バブル絶頂期に買っていたら，2021年まで保有しても 3 割近く含み損。一方，リーマン・ショック直後に買っていれば，13年で 4 倍になっている。結果論ではあるけど，買うタイミングが大きく影響するのは確かだね」

　株価は，超長期的にみれば右肩上がりではありますが，購入するタイミングによって運用成績は大きく影響されてしまいます。株価の変動は予想できないので，いつ始めれば良いか正解はありませんが，大きく下がったときがよさそうです。

「株式投資で失敗する人は，株式市場が熱狂しているときに買い，ネガティブなニュースで暴落したときに，怖くて売ってしまいがちだよね。成功する人は，株式市場が悲観的で株価が低迷しているときに買い，株価が上がったところでスパッと売り抜けてしまう」

「理屈は分かりますが，株価が上がっていると，自分も乗り遅れないようにと焦ってしまいます。株価が暴落すると，紙くずになってしまうのが怖くて，投げ売ってしまいます」

「冷静な判断を下すためにも，感情をコントロールしよう。含み損のときは熱くなってしまいがちなので，自分で設けたルールに則って判断するのが賢明だよ。また，万が一，紙くずになってしまっても生活に支障がない程度の余裕資金であれば，株価の変動に一喜一憂することもなくなるよ」

「長期投資であっても，株価は気になってしまうんですよね…」

　次は，不動産価格の推移を見てみましょう。

　図表９−１は，昭和57年から令和２年までの不動産価格の推移をグラフ化したものです。昭和57年以降，高度経済成長により不動産価格は高騰し，三大都市圏の住宅地では平成３年に約2.7倍になりました。その後，バブル崩壊で一転，令和２年の三大都市圏の住宅地は約1.1倍。全国の全用途では0.9倍と，39年間かけて「行ってこい」の状況です。

　　「39年間の土地価格の推移や，不動産は個別性が強く目利きが重
　　要であることを考慮すると，不動産は必ずしも資産形成に向いて
　　いるとは言えないかもしれないね」

　　「建物は古くなると価値が下がるので，土地価格が上がらない限
　　り，資産価値を維持できませんよね」

　一般的に，マイホーム購入は１回限りの大勝負。不動産は目利きが要求されるうえに，平成３年以降の土地価格の低迷を鑑みると，特別有利な投資とは思えません。もちろん，2005年〜2007年のミニバブル，2013年以降のアベノミクス効果など，局地的に不動産価格は高騰しましたが，超長期的には低迷を続けています。長期的に時間をかけて，コツコツ資産形成をするには，不動産は思ったより向いていないのかもしれません。

■キャピタルゲインとインカムゲイン

　　「投資のリターンは，キャピタルゲインとインカムゲインで構成
　　されている。キャピタルゲインとは売却益（譲渡益）のことで，
　　インカムゲインとは保有期間中の運用益のことを言うんだよ」

▶図表 9－1　不動産価格の推移（昭和57年～令和2年）

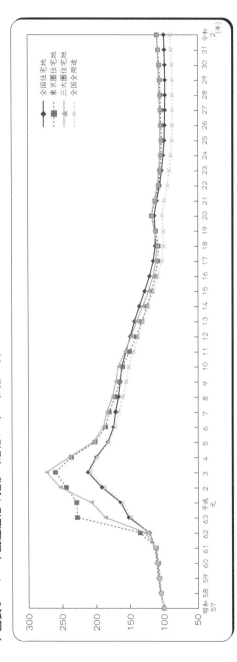

	昭和57	58	59	60	61	62	63	平成元	2	3	4	5	6	7	8	9	10	11	12	13	14	15
全国住宅地	100.0	105.1	108.3	110.6	113.1	121.7	152.1	164.1	192.0	212.5	200.6	183.2	174.6	171.8	167.3	164.6	162.3	156.2	149.8	143.5	136.0	128.1
東京圏住宅地	100.0	104.1	106.4	108.2	111.4	135.4	228.3	229.2	244.3	260.5	236.8	202.2	186.4	181.0	172.0	166.1	161.1	150.8	146.0	132.4	124.6	117.6
三大圏住宅地	100.0	104.5	107.2	109.4	112.3	127.7	187.2	207.8	253.5	273.8	239.6	204.8	199.7	184.6	176.1	171.1	167.4	157.8	148.5	140.2	131.1	122.6
全国全用途	100.0	104.7	107.8	110.4	113.3	122.0	148.5	160.8	187.5	208.7	199.1	182.4	189.9	157.0	160.3	155.7	151.9	145.0	137.9	131.1	123.4	115.5

	平成16	17	18	19	20	21	22	23	24	25	26	27	28	29	30	31	令和2
全国住宅地	120.8	115.3	112.1	112.1	113.7	110.1	105.5	102.6	100.2	98.6	98.0	97.7	97.7	97.5	97.8	98.3	99.1
東京圏住宅地	112.1	108.5	107.5	111.4	117.5	112.4	106.9	105.0	103.4	102.6	103.3	103.9	104.5	105.2	106.3	107.7	109.2
三大圏住宅地	115.6	111.3	110.0	113.1	117.9	113.8	108.7	106.7	105.3	104.7	105.2	105.6	106.2	106.7	107.4	108.5	109.7
全国全用途	108.3	102.9	100.0	100.4	102.1	98.5	94.0	91.2	88.8	87.2	86.7	86.4	86.5	85.9	87.5	88.5	89.8

出所：国土交通省

> ・キャピタルゲイン：譲渡益
> ・インカムゲイン　 ：運用益

「株や不動産の売却で得た利益がキャピタルゲイン，株の配当や不動産の家賃収入がインカムゲインということですね」

「長期投資であれば，株価や不動産価格の下落で，元本割れしてしまっても，配当や賃料で補填することができる。これも，長期投資のメリットと言えるだろう」

■税金をお忘れなく

「投資で儲かったからといって，利益がまるまる手元に残るわけじゃない。利益にはガッツリ課税される」

「給料と一緒で，利益から税金を引いた金額が，手残りということですね」

　投資の利益にかかる税金は，株や不動産といった投資対象，配当や家賃収入といった収入の内容によって異なります。

▶図表９−２　税率一覧表

投資対象	譲渡益		運用益	
株	20.315%	分離課税	20.315%	分離課税
不動産	39.630% 20.315%	5年以下 5年超	15.105%〜55.945%	累進課税
FX	20.315%	分離課税	20.315%	分離課税
仮想通貨	15.105%〜55.945%	累進課税	−	

「株とFXは分離課税，つまり給料とは分けて課税される。ただし，株とFXの損益通算をすることはできないので注意しよう」

　トヨタ自動車の株で10万円の利益，ソニーの株で5万円の損失を出した場合，トータルの利益5万円（10万円－5万円）に対して課税されるので，税金は10,157円（5万円×20.315％）になります。

　一方，株で10万円の利益，FXで5万円の損失を出したとしても損益通算はできません。株の利益10万円に対して課税されるので，税金は20,315円（10万円×20.315％）になります。

「不動産の譲渡益に対する税率は，保有期間で変わってくる。売却した年の1月1日時点で保有期間が5年を超えていれば20.315％，5年以内であれば39.63％。家賃収入は，給料と合算して所得税と住民税が課税されるので，累進課税になる」

「不動産は短期転売だと，40％近く税金で持っていかれてしまうんですね！」

　短期転売（短期譲渡所得）の税率が高いのは，土地転がしによる土地価格の高騰を抑制することが目的です。

「仮想通貨は株のように値幅制限がないので，価格変動が大きく，ギャンブル的要素が強いので人気だよね。ただし，譲渡益は給与と合算して課税される点に注意しないといけない。譲渡益が1億円の場合，税金は5,594万円（1億円×55.945％）。仮想通貨で"億り人"になるには，2億3千万円弱の譲渡益が必要なんだよ」

「譲渡益が累進課税の場合，価格変動リスクと，税引き後のリターンが釣り合っていないかもしれませんね」

　投資をするときは，利益に対して，どのような課税がされるのか，事前に確認しておきましょう。

■レバレッジ効果

「レバレッジ効果については，5章で話したよね。株の信用取引や不動産投資は，レバレッジ効果を期待した投資の典型例だね」

「"資産総額○○億円！"と謳った，不動産投資セミナーがありますが，借金をしているからこそ，"○○億円"もの資産を築くことができるんですね」

「1章で説明したとおり，重要なのは資産でなく純資産。10億円の不動産を持っていても，借金が10億円あれば，純資産はゼロ。空室が増えて収支がマイナスになってしまったら，借金の元本と利息の支払いができなくなってしまう。物件を売るにしても，借金より高い金額で売れなければ，残った借金を働いて返すことになる」

▶図表9-3　10億円の不動産を借金10億円で買った場合の貸借対照表

資産 （10億円）	負債 （10億円）

「一歩間違えたら，自己破産ですね。"資産"だけでなく"純資産"も意識する癖をつけないといけませんね」

■損切りについて

「投資で最も難しいのが，"損切り"だろうね」

　10万円で購入した株が，7万円まで下がってしまったとします。将来10万円に戻るかもしれませんが，5万円まで値下がりしてしまうかもしれません。思い切って7万円で売却し，3万円の損失を確定させることを，「損切り」といいます。

「損切りしようかどうかモジモジしていると，含み損が拡大してしまう。損切りは痛みを伴うけど，ときにはスパッと切って，次の投資に移る方が賢明なんじゃないかな」

「理屈は理解しているんですが，なかなか実行できません。損切りしたときに限って，株価が上がるんで，悔しくてたまりません」

「"〇％下がったら損切りする"というように，自分のルールを設けておこう。そして，損切りした後は，さっぱり忘れる」

　一律〇％下がったら売るというルールは，悩む必要がありません。ところで，他にも判断基準はあるでしょうか？

「例えば，10万円の株が7万円に下がったとしよう。10万円で買ったことはいったん忘れて，"7万円で買いたい"と思ったら

保有，"7万円じゃ買わない"と思ったら売ればいいんじゃないかな」

「○%というルールと併せれば，合理的に損切りできるようになりますね」

「全戦全勝するなんて無理なので，トータルで勝てればよいと割り切って，ダメだと思ったら迷わず損切りしよう。損失を最小限に食い止めることが，トータルの利益を増やすことにつながるんだよ」

2　外貨のはなし

「国内で外貨を使う機会はないと思うけど，外貨の知識は経済を学ぶうえでも知っておいて損はない。ここでは，ドル円でみていこう」

　国内で買い物をするとき，1,000円札や100円硬貨を使いますが，アメリカでは日本円を使うことはできません。10ドル札や1ドル札といった，ドルで買い物をします。

「アメリカで買い物をするにはドルが必要なので，空港の外貨両替所や銀行で，円からドルに交換しなければならない。円をドルに交換することを，円を売ってドルを買うと言うんだよ」

　外貨は空港や銀行だけでなく，都心にある外貨両替所や金券ショップでも手に入れることができます。もちろん，現地の空港や銀行でも可能です。

「外貨を交換するには，あらかじめ交換比率を定めておく必要があるよね。この交換比率は為替レートと呼ばれていて，日々刻々（ひびこくこく）と変化している」

- ・1ドル100円→1ドル90円 ：1ドル手に入れるのに10円安くなった→円高（円の価値が上がった）
- ・1ドル100円→1ドル110円：1ドル手に入れるのに10円高くなった→円安（円の価値が下がった）

　為替レートが1ドル100円のとき，1ドル交換するのに100円必要です。為替レートが変動して1ドル90円になれば，10円安い90円，1ドル110円になると10円高い110円です。前者は円の価値が上がったので円高，後者は円の価値が下がったので円安といいます。

「為替レートが変動したからといって，1つ1ドルで売っているハンバーガーの値段は変わらないよね。1ドル90円になればハンバーガーを90円（90円で交換した1ドル）で買うことができるようになって嬉しいけど（円高），1ドル110円になると，1つ買うのに110円（110円で交換した1ドル）かかってしまう（円安）」

　最初は混乱するかもしれませんが，数字が小さくなれば円高，数字が大きくなれば円安です。

「アメリカから帰国したら，ドルを使う機会はないよね。記念で手元にとっておくのもよいけど，円に交換すれば国内で使うことができる。ドルから円に交換することを，ドルを売って円を買うと言うんだよ」

　アメリカに行くときに1ドル100円で買った100ドルは，購入するのに10,000円（100ドル×100円）支払っています。

　円に戻すときの為替レートが1ドル90円（円高）になっていれば，日本円に戻すと9,000円（100ドル×90円）で，1,000円損してしまいます。1ドル110円（円安）になっていれば，11,000円（100ドル×110円）で，1,000円得します。ドルから見たら，円高はドル安，円安はドル高と，立場が逆転するのです。

「FXは，為替レートの変動による利益を狙う取引で，通貨の売買には，スプレッドと呼ばれる手数料が発生する」

　為替レートには，TTSとTTBという2つのレートがあります。TTSは購入するときのレート，TTBは売るときのレートです。SはSell（売る），BはBuy（買う）なので紛らわしいですが，銀行から見た表現になっています。

　ドル円の為替レートが，TTS100円，TTB98円だったとしましょう。この場合，1ドル買うのに100円かかり，1ドル売ると98円になります。1ドルの取引に対して，2円の手数料が取られているというわけです（1ドル買った瞬間に2円損をする！）。つまり，TTSとTTBの差であるスプレッド（手数料）が小さい方が有利です。バックパッカーが少しでも有利なレートを求めて，外貨両替所をハシゴするのはこのためです。

「両替機で1,000円札を両替すると，100円玉が10枚出てくるよね。両替前後で1,000円という価値は変わらない。一方，外貨の場合，手数料がかかるので，買った瞬間に手数料分の損失が発生してしまうんだよ。高金利を謳い文句に，外貨預金が人気だけど，スプレッドと為替レート次第では，損してしまうこともある。1ドル

100円のとき，片道2円（往復4円）の手数料で外貨預金をすると，4％の損失が確定（為替レートが変動しないと仮定）するので，金利次第では逆鞘（ぎゃくざや）になってしまうんだよ」

（1ドル100円のときに100万円で米ドル預金をした場合）
・預金額　　　　　　　　　：100万円÷100円＝10,000ドル
・手数料（預金するとき）：10,000ドル×2円＝20,000円
・手数料（解約するとき）：10,000ドル×2円＝20,000円

　為替レートが変動しないと仮定すると，金利が4％以上ないと（前記の例では，40,000円以上の利息がもらえないと）損してしまいます。また，手数料以上の利息がもらえても，解約するときに円高だと，損してしまう可能性があります。外貨預金に限らず，外貨が関連する商品は，為替変動リスクに大きく影響されてしまうのです。

3　株式投資

　「株価とは1株あたりの単価で，株の取引は，原則100株単位。つまり，購入するには単価を100倍した金額が必要になる」

　ソフトバンクの株価が6,500円だとすると，投資するには65万円（6,500円×100株）必要です（手数料は考慮外）。

　「ゲームが大好きなので，任天堂の株価を調べてみたら，53,000円でした。投資するには，530万円（53,000円×100株）必要なんですね，とても手が出ません！」

　個別銘柄の投資は，まとまった資金が必要となりますが，株価が低い銘柄であれば，数万円で購入できます。100株単位の取引なので，株価500円であれば5万円（500円×100株）です。

　同じ業種でも株価はまちまちで，三菱UFJファイナンシャル・グループに投資するには6万円（600円×100株），三井住友ファイナンシャルグループであれば，40万円（4,000円×100株）程度の資金が必要です。

「株価600円で買った銘柄が，10％値上がりして660円になったとすると，利益は6,000円（60円×100株）。株価4,000円で買った銘柄が，10％値上がりして4,400円になると，利益は4万円（400円×100株）。変動率は同じでも，投資金額が大きければ，利益も損失も大きくなる」

「1日に何万円も動いたら仕事が手につきません。最初は少額で始めた方が良さそうですね」

　株価は，1日の変動額に制限が設けられています。上限を「ストップ高」，下限を「ストップ安」と言います。株価500円以上700円未満の値幅制限は100円なので，1日の変動額は10,000円（100株）を超えません。株価1,000円以上1,500円未満の値幅制限は300円で，1日の変動幅は30,000円（100株）です。株価が高くなるほど値幅制限が大きくなるので，ボラティリティ（価格の変動）が大きい，つまりリスクが高くなります。

「銘柄によっては，年2回配当を受け取ることができる。10万円（株価1,000円×100株）で配当利回りが2％の場合，1回の配当金は半分の1万円，配当の税率は20.315％なので，手取りは7,968円になる。3月決算の会社であれば，概ね6月と12月に7,968円の

配当金が振り込まれる」

　配当を受け取るには，「権利付き最終日」まで株を保有していなければ
なりません。3月決算の会社の，2022年3月のケースは次のとおりです。

> ・権利付き最終日：2022年3月29日
> ・権利落ち日　　：2022年3月30日
> ・権利確定日　　：2022年3月31日

　ちょっと複雑ですが，株の受渡日（売買の決済をする日）は，約定日
（売買が成立した日）の2営業日後というルールがあります。
　配当を受けるには，権利確定日（2022年3月31日）に株を保有していな
ければなりません。つまり，権利確定日（2022年3月31日）の2日前であ
る，権利付き最終日（2022年3月29日）までに株を購入しておく必要があ
ります。また，いくら長期間保有していても，権利付き最終日に売ってし
まったら，配当を受け取ることはできません。
　権利落ち日とは，権利付き最終日の翌日のことをいいます。配当金が
1万円の場合，数か月後に会社から1万円が流出することになるため，理
論的には権利落ち日に株価が1万円下がります。配当目的で投資するとき
は，権利付き最終日を間違えないようにしましょう。

「株主優待も，権利付き最終日に保有している必要がある」

「百貨店の割引券や，食事券，お米など，株主優待もなかなか奥
が深いですね！」

「株主優待は嬉しいけど，おまけ程度に考えておこう。株主優待の価値を超えて株価が下がってしまったら，本末転倒だよね」

4　不動産投資

■不動産投資の基礎知識

「不動産投資は，仕組みがイマイチよく分かりません」

「アパート投資などの不動産投資は，転売して利益を上げるというよりは，長期間保有して家賃収入を得ることが目的なんだよ」

　アパート投資は，家賃から管理費や固定資産税などの経費を差し引いた金額が，大家さんの利益です。つまり，自分が賃貸物件に入居した場合と逆の立場になるわけです。

```
（設例）
購入価格：1,000万円
家賃収入：8万円
経費　　：2万円
手残り　：6万円（8万円－2万円）
```

「家賃8万円，経費2万円だと，毎月6万円が手元に残るよね」

「給料や年金以外に毎月6万円あれば，家計は楽になりますね！」

「これは，現金で購入した場合。借金して物件を買えば，元本と利息の返済が必要になることを学んだよね」

```
借金　　　　　：800万円
元利金返済額：4万円
手残り　　　　：2万円（6万円－4万円）
```

「800万円借金して，毎月の元利金返済額が4万円だと，手残りは2万円になってしまう」

「家賃6万円で収支がトントン，空室になってしまったら借金の返済ができません」

「毎月4万円なら給料で返済できるかもしれないけど，数十万円，数百万円になってしまったら，給料で返済できるレベルを遥かに超えてしまう。これが，レバレッジをかけすぎて不動産投資をする最大のリスクなんだよ」

「家賃収入を返済原資に充てる収益物件でさえ，資金繰りにリスクがあることを考えると，給料から借金を返済するマイホームは，年収不相応の物件を買ってしまうと，生活がカツカツになってしまいますね。失業してしまったら，マイホームを手放すことになりかねません」

■表面利回りとネット利回り

「利回りという言葉を聞いたことがあるかな？　不動産投資では，表面利回りとネット利回りの2つを区別しよう」

> 表面利回り　：家賃収入に対する利回り
> ネット利回り：経費を引いた利益に対する利回り

「利回りは年額で計算するので，設例の場合，表面利回りは9.6％，ネット利回りは7.2％になる」

> 表面利回り　：9.6％（8万円×12か月÷1,000万円）
> ネット利回り：7.2％（6万円×12か月÷1,000万円）

「空室の物件は，想定賃料で計算するので，相場水準と乖離していないか，忘れずに検証しよう」

　想定賃料が10万円の場合，表面利回りは12％（10万円×12か月÷1,000万円），手残りは4万円（10万円－2万円－4万円）になりますが，実際に募集したら8万円でしか埋まらなかったということはよくあります。当初の想定より，資金繰りが苦しくなってしまうので，空室物件に投資するときは，家賃相場をきちんと調べましょう。

■レバレッジ効果の検証

「最後に，レバレッジ効果を検証してみよう」

> （ネット利回り）
> 借金なし：7.2％（72万円÷1,000万円）
> 借金あり：12％（24万円÷200万円）

「借金をした場合，借入金の返済で手残りは24万円に減ってしま
うけど，投資元本も200万円と少ないよね。結果として，借金を
しない場合と比べて，投資効率が高くなるんだよ」

　設例では，説明をシンプルにするため，元本返済部分も控除した，手残
りベースで，ネット利回りを計算しています。ただし，「元本返済＝借金
の減少＝資産の増加」と考えて，利息部分だけを控除して計算すると，
12%を超えることが分かります。

10章
商売とお金のはなし

1 年収1,000万円のサラリーマンと売上1,000万円の フリーランス，どちらがお金持ち？

「サラリーマンで高収入というと，年収はどれくらいだろう？」

「やっぱり，1,000万円でしょう！」

　家族構成等によって手取り額は変わりますが，「1,000万円」が心理的節目であることは間違いありません。

「ところで，年収1,000万円のサラリーマンと，売上1,000万円のフリーランス，どちらがお金持ちだと思う？」

「経費で好きなだけ飲み食いできるフリーランスの方が，お金持ちのような気がします」

　誤解されがちですが，フリーランスだからといって，何でもかんでも経費になるわけではありません。たとえ経費になったとしても，お店にお金を払うので，手元にお金は残りません。

「そうか，経費をバンバン使っていたら，お金持ちどころじゃありませんね」

「これまで学んできた，手取りと会計の知識を応用してみよう。売上1,000万円では，利益はどれだけ残るだろう？」

　売上1,000万円といっても，業種によって利益率は大きく異なります。コンサルティング業のような利益率が高い業種であれば，売上の50%以上が利益となることもありますが，利益率の低い飲食業や小売業では，ほとんど利益が残らず，場合によっては赤字になってしまいます。

「残った利益から，社会保険料と税金が引かれるのを忘れないようにね」

> フリーランスの手取り ＝ 利益（売上－経費） － 社会保険料 － 税金

「年収1,000万円のサラリーマンの手取りを700万円とすると，そこから逆算すれば良さそうですね」

> 700万円 ＋ 経費 ＋ 社会保険料 ＋ 税金 ＋ α ＝ 年収1,000万円のサラリーマン見合いの売上

「フリーランスが，サラリーマンの年収と同じくらい稼ぐには，利益率の高い業種であったとしても年収の1.5倍，一般的には年収の3倍くらい稼ぐ必要がある。理由は，サラリーマンがほとんど負担しない経費などがあるからと言われているんだよ」

　フリーランスが，年収1,000万円のサラリーマンと同じくらい稼ぐには，1,500〜3,000万円くらいの売上が目安となります。

「売上1,000万円のフリーランスは，サラリーマンの年収に換算すると，330〜670万円くらいになってしまいます。年収1,000万円のサラリーマンとは程遠いですね」

「そうだね。でも，売上1,000万円のフリーランスが，自宅で利益率の高い商売を行い，経費を切り詰めて手堅く経営すれば，サラリーマンに近い水準に持っていくことができると思うよ」

「一口にフリーランスと言っても，利益率によって全く違うんですね！」

2　業態と資金繰り

「売上や利益も重要だけど，商売で重要なのは資金繰りだね。黒字倒産って聞いたことないかな？」

「黒字って，利益が出ていることですよね？　日本の法人の約65％が赤字といわれているのに，黒字で倒産することなんてあるんですか？」

　国税庁統計法人税表（2019年度）によると，普通法人2,767,336社のうち，赤字法人（欠損法人）は1,812,332社。実に65.5％の法人が赤字です。ところで，会社（フリーランス）は債務，つまり借金や買掛金（仕入代金の未払い）の支払いができなくなると，最終的に倒産（自己破産）してしまいます。現金が足りず，運転資金が不足したり，債務の返済ができなくなる

ことを，資金ショートと言います。

「会社が倒産するかどうかは，赤字か黒字かではないんだよ！」

　赤字でも，銀行からの融資や，得意先から売上を前払いしてもらうことで，乗り切ることができます。因みに，減価償却費が原因で赤字になっている場合は，手元に現金が残っているので，資金繰りに余裕があることも少なくありません。

「黒字だからといって，手元に現金がなければ，債務を支払うことができないよね」

商売のサイクル
仕入れ → 在庫 → 販売 → 回収 → 仕入れ……（以下，繰り返し）

　現金商売，つまり，仕入れも販売も全て現金。売れ残りなく仕入れた商品を完売できれば，資金ショートすることはありません。昭和の時代の，魚屋や八百屋のイメージです。

▶図表10－1　現金取引のイメージ

商売開始　　　　　　　　商品の仕入れ　　　　　　販売

現金 500	純資産 500

→

商品 500	純資産 500

→

現金 500	純資産 500

　商慣行上，売掛金の入金は，販売から1～2か月後となります。業績が好調でも，買掛金の支払い，在庫の状況，売掛金の入金タイミングによっては，資金ショートすることがあります。

▶図表10-2　商品の仕入れから回収までのサイクル

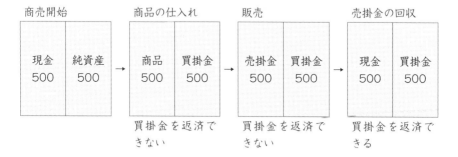

商売開始		商品の仕入れ		販売		売掛金の回収	
現金 500	純資産 500	商品 500	買掛金 500	売掛金 500	買掛金 500	現金 500	買掛金 500
		買掛金を返済できない		買掛金を返済できない		買掛金を返済できる	

「仕入れ先との交渉にもよるけど，買掛金の支払いはなるべく後倒し，売掛金の入金はなるべく前倒しにすることによって，資金繰りを楽にすることができるんだよ」

　儲かっているからといって，過剰な仕入れは禁物です。ブームが去った後，売れ残りの在庫が原因で，倒産してしまうことが少なくありません。商品（在庫）は，販売してはじめて現金化するからです。

「スーパーやデパ地下のお総菜売り場で，夕方になると割引セールをしていますが，売れ残りを廃棄処分するくらいなら，採算割れしてしまっても，現金化したいからですね！」

「黒字でも，現金の入出金のタイミング，在庫の状況によっては，資金ショートしてしまうことがある。会社の経理部は，会計業務だけでなく，資金繰りも行っている。一見地味かもしれないけど，会社経営にとって重要な仕事なんだよ」

EC事業でお馴染みのAmazonは，現金の回収は早く，支払いは遅いという資金繰りにより，キャッシュが潤沢であることが知られています。長年赤字続きにもかかわらず，巨額の投資で競合を圧倒できたのは，このためです。

3　節税はするな！

「安定して利益が出てくると，節税に走ってしまいがちなのが世の常だよね」

「脱税は言語道断ですが，合法的に税金を少なくできるなら，それに越したことはありません」

典型的な脱税は，売上除外と架空経費の計上です。脱税が違法であることは，言うまでもありません。

「３章で倒産防止共済や小規模企業共済の話をしたけど，世の中で節税商品と呼ばれているものの多くは，実際は"課税の繰り延べ"，つまり税金の支払いを先延ばししているにすぎないんだよ」

課税の繰り延べとは，今年支払う税金を，３年後に先延ばしするようなイメージです。

「課税の繰り延べだったとしても，税金が後払いになるなら，資金繰りの面で有利じゃないですか？」

「それが，全く逆なんだよ。なぜなら，繰り延べられる税金以上の現金が出て行ってしまうから」

　税率20％のフリーランスが，小規模企業共済の掛け金として毎月5万円（年間60万円）支払うと，税金12万円（60万円×20％）が，将来の共済金受取時まで繰り延べられます。10年間の掛金は600万円（60万円×10年），繰り延べられる税金は120万円になります。

「12万円の税金を後払いするために，60万円支払うので，差し引き48万円，10年間で480万円の現金が流出してしまう。つまり，掛金の負担が重いと，資金繰りが悪化してしまうんだよ」

「余計な節税なんてしないで，税金を払った後に残った資金を設備投資や新規事業に投資すれば，攻めの経営ができますよね。投資せずに現預金として残しておいても，不景気になったとき助かります」

「税金が減って，手元に現金も残る。そんな，都合の良いウルトラCの節税なんてないんだよ。財務体質が強固になるまでは，余計な節税なんて考えず，しっかりと利益を出して，設備投資や内部留保していこう」

4　コロナ禍と飲食店

「コロナで飲食店が大変ですよね。近所で開業したばかりのお店が，1年経たずに潰れてしまいました」

「リーマン・ショックのときは，幅広い業界が打撃を受けたので，コロナ禍の飲食店は他人事とは思えない。でも，コロナが原因の一端であることは間違いないけど，もともと飲食店は廃業率が高く，３年で約７割が閉店してしまうと言われているんだよ」

　自宅や会社の近所の飲食店が，気づいたら他の店に変わっていたということはありませんか？

「芸能人やスポーツ選手が始めたお店が，潰れてしまったという話をニュースで見ることがあります。一時期ブームだったタピオカ店も，どんどん撤退していますよね。儲かると思って，食の素人が飲食店に手を出してしまったことが原因じゃないですか？」

「それも原因の１つかもしれないけど，飲食店は，そもそも難易度の高いビジネスモデルなんだよ」

　飲食店を始めると，次のような初期費用と経費がかかります。

> （初期費用）
> ・店舗賃借の礼金，保証金，仲介手数料
> ・内装工事費，デザイン・設計料
> ・厨房機器，調理器具，食器，レジ
> （経費）
> ・店舗家賃
> ・水道光熱費
> ・人件費
> ・仕入れ代金

「飲食店の初期費用は，お店の規模にもよるけど，300万円〜2,000万円くらいかかるので，銀行から融資を受けることになる」

「借金するということは，元利金の支払いが発生しますね」

　元利金の支払いは，ただでさえ資金繰りの苦しい飲食店の経営を悪化させ，開店後，ボディーブローのように効いてきます。

「売上（食事代金）から売上原価（材料の仕入れ代金）を差し引いた売上総利益から，家賃や人件費を支払った残りが利益になる。一般的に原価率は30%，営業利益率は10%程度と言われている」

「つまり，1杯800円のラーメンを売ると，売上総利益は560円（800円−原価800円×30%），営業利益は80円になりますね」

　借金の元利金は，ラーメン1杯の営業利益80円から返済します。

「1日100人のお客さんが来店すると，1日の売上は8万円，営業利益は8千円。1か月で，売上240万円，営業利益24万円になる」

「1日100人集客できるのは，行列ができるラーメン店くらいですよね？　もし，1日20人だったら，1か月の売上48万円，営業利益4.8万円。とてもじゃないですが，借金を返せません！」

　コロナ禍で，飲食店が苦境に陥っていますが，もともと，飲食店は生存競争の厳しい業種です。ただでさえ経営がギリギリのなか，コロナが追い打ちになり，軒並み経営危機に瀕してしまったというわけです。

「赤字で閉店（損切り）したくても，借金が残っていたら，簡単に決断できることじゃない。結果として，借金がどんどん膨らんでしまう。覚悟なしに，飲食店を始めるべきじゃないんだよ！」

「定年退職後にラーメン屋を始めたいって聞きますが，下手したら退職金を全て失ってしまいかねませんね…」

5　スモールビジネスのススメ

ところで，廃業率の高い飲食業界ですが，いつ潰れてしまってもおかしくないような定食屋や街中華が，何十年も営業しているのを不思議に思ったことはないでしょうか？

「万年赤字でも，資金ショートさえしなければ倒産しないとはいえ，何十年も綱渡りを続けられるものでしょうか？」

「飲食店に限らず，資金ショートを避けるポイントは，借金をしないことと，固定費をかけないことだね」

　無借金経営で固定費を削減すれば，資金繰りは楽になります。資金繰りが苦しいときに，借金で一時的にしのぐことはできますが，その後の返済が大変です。

「自宅の一部でお店を開業するなら，初期費用は大きく削減できるよね。家賃がかからないし，家族経営であれば人件費もたかが知れている」

「先の例で，販管費が殆どかからず，仮に利益率が50%だと，1日のお客さんが20人でも，営業利益は8,000円（800円×20人×50%）。1日100人の人気ラーメン店と同じです。潰れるどころか，盤石な経営ですね」

　これが，無借金で家族経営，固定費が少ない商売の強みです。景気が良くてもビジネスが拡大することはありませんが，家族が生活していくのには十分です。

　飲食店に限らず，街を歩けば，電気屋，工務店，床屋，駄菓子屋，サイクリングショップなど，同じような形態のお店を数多く見かけることでしょう。規模の拡大を目指せばよいとは限らないのです。

11章
フリーランスの賢いはじめ方

　起業当初は，お金の心配が絶えません。売上の入金があるまで，貯金を取り崩して生活しなければなりません。そのため，初期費用や経費は少ないに越したことはありません。サラリーマン時代には経験することがなかった，お金のリアルを知ることになるでしょう。

　ここでは，一般的なフリーランスである，スモールビジネスを始める場合の，上手なお金の遣い方をみていきましょう。

1　初期投資は徹底的にケチれ！

「サラリーマンを辞めてフリーランスになると，最初はテンションが高いこともあり，ついつい，余計なお金をかけてしまいがちなんだよ」

「勤務先の同僚，上司，友人，家族など，周囲の目も気になるので，ちょっと見栄を張りたくなる気持ちは分かります」

　フリーランスでも，名刺や事務用品，ホームページなど，何かとお金がかかります。

「最初は，これまでの職場環境を参考にすればいいんじゃないかな。ただし，勤務先の職場環境をそっくりそのまま真似すると割

高になってしまいがちなので，自分なりにアレンジしてみよう」

「多少質を落としても，初期投資は削るに越したことありません
ね」

「ビジネスは，継続できなければゲームオーバー。たとえ赤字続
きでも，継続してれば成功のチャンスはある。家族経営の商売を
見習って，初期投資は徹底的にケチろう！」

2　自宅開業のススメ

「フリーランスは，家賃を削るだけで，資金繰りは相当楽になる。
軌道に乗るまでは，迷うことなく自宅開業，百歩譲ってレンタル
オフィスかな」

「家賃負担が減るのは助かりますが，自宅がオフィスだと，顧客
から信用されないのではないかと，ちょっと心配です」

　一昔前は，アパート・マンションの１室やレンタルオフィスだと，顧客
の信用を得づらい面がありましたが，スモールビジネスの普及や，コロナ
禍を契機にリモートワークが一般化したことで，自宅開業に対する先入観
は減ったのではないでしょうか。

「自宅開業と言っても，来客スペースは必要ない。打合せは，顧
客先に訪問するか，カフェを使用すればいい。対面の必要がなけ
れば，ZoomやTeamsによるオンラインミーティングでもいいよ
ね」

「それなら，打合せスペースの心配はいりませんね。ただ，マンションの管理規約や賃貸借契約に抵触しないでしょうか？」

　マンションやアパートでは，管理規約や賃貸借契約で，事務所使用が禁止されていることが一般的です。ただし，SOHO^{ソーホー}のように来客がなく，単に作業スペースとして使用するだけなら，問題になることは多くありません。

「最近は物騒な事件が増えてきているので，自宅の住所を公開したくない場合もあるよね。名刺に住所を記載しないと，かえって怪しい商売をしているんじゃないかと誤解されてしまうかもしれないので，レンタルオフィスを利用するのもいいんじゃないかな」

　レンタルオフィスは，作業スペースを借りるプランの他に，法人登記や荷物の送付窓口だけの，「住所を借りる」だけのプランも用意されています。

「レンタルオフィスで住所だけ借りて，自宅で仕事をすれば，個人情報の懸念は払拭できますね。売上が順調に伸びてきたら，レンタルオフィスやコワーキングスペースに移ればいいですよね」

　レンタルオフィスやコワーキングスペースは，来客用の会議室や，コピー機などの設備が一通り揃っているので，オフィスと変わらない環境で仕事をすることができます。ただし，電話代行や会議室の使用料，コピー料金が割高になるので，使用頻度によっては，事務所を借りた方が安上がりなこともあります。

「最初は自宅開業，次に，レンタルオフィス，ワンルームマンション，事務所ビルと，焦らずに徐々にステップアップしていこう」

3　名刺やロゴにこだわるな！

「起業するなら，名刺やロゴのデザインはこだわりたいです。ロゴには，経営理念を込めたいと思っています」

「気持ちは分かるけど，実際のところ，名刺のデザインやロゴなんて，他人は全く興味がない。自己満足にすぎないので，開業当初は，無駄にお金をかけないのが賢明だよ」

　名刺交換をした後，顧客の名刺を後生大事に保管している人は，一体どれくらいいるでしょうか？　スマホのアプリにデータを取り込んで，すぐに捨ててしまう人もいますよね？　ロゴも一緒で，自己満足以外の何物でもありません。

「名刺は，アスクルなら100枚1,000円くらいで作成できる。名刺に顔写真や似顔絵を印刷するくらいなら，FacebookやLinkedInを活用した方が効果的じゃないかな」

「SNSが普及して，名刺の営業ツールとして役割は終わったということですね。ロゴの営業効果も，実際のところ分からないですね」

「資金に余裕がない段階で，投資効率が未知数な名刺やロゴにお金をかけてしまうと，資金繰りが苦しくなってしまう。どうして

も作りたいなら，クラウドソーシングを利用しよう。業者よりも
安価で作ってくれる人が見つかるはずだよ」

4　固定電話とFAXは使わない

「業種によっては，固定電話が不可欠かもしれないけど，フリー
ランスならスマホで十分じゃないかな」

「電話をかけてくるのは，見込み客ばかりとは限らないですもん
ね。固定電話があると，営業電話や，無料で情報だけ欲しい人の
対応に時間を取られてしまいます」

　フリーランスは，電話対応で余計な時間を取られてしまうと，肝心の業
務に支障が出てしまいかねません。固定電話を使用しなければ，固定費削
減だけでなく，時間を有効に使うことができます。
　ただし，一定の見込み客を失ってしまうことは否めないので，営業面の
メリット，デメリットを天秤にかけて判断しましょう。

「いまでもFAXを使っている業界があるけど，惰性で使用してい
るケースが殆どなので，お金を出してまで付き合う必要はないよ。
写真やPDFをメールで送れば，通信料もかからないし，ペーパー
レス化になるよね。どうしてもFAXを使う必要に迫られたら，
コンビニを利用すればいいんじゃないかな」

「FAXはほとんど外部からの営業なので，固定電話と比べたら使
用しなくても実害は少なそうですね」

5　オフィス家具は中古や家庭用を活用しよう

「デスクやキャビネットなどの業務用のオフィス家具は，新品は高いので，中古で良さそうな品を探してみよう」

「ネットでも販売していますが，大きさを体感するには，直接見て選んだ方がよさそうですね」

　スペースに不安があるときは，実物を見ておいた方が安心です。掘り出し物が見つかることもあるので，オフィス家具のお店に行ってみると，参考になると思います。

「自宅開業であれば，業務用にこだわる必要はない。家庭用のデスクや椅子なら，新品でも数万円で一通り揃えることができるんじゃないかな」

「家庭用であれば新品，業務用であれば中古。両者を併用すれば良さそうですね」

6　椅子には徹底的にこだわれ！

「長時間デスクワークをしていると，肩や腰に疲労が溜まってくるよね。安い椅子だと，座り心地が悪くて仕事に集中できないこともある。初期投資は徹底的にケチれと言ったけど，椅子だけは特別に扱おう」

「サラリーマンは，役職が上がるにつれて椅子が豪華になりますよね。たとえ自宅開業でも，椅子くらいは社長気分に浸りたいです（笑）」

　座り心地の良い椅子と言っても，人によって好みが別れます。リクライニング機能があるもの，足置きがあるもの，マッサージ機能があるものまで，種類も豊富です。お店で試して，自分に合ったものを選びましょう。

「外資系オフィスでよく見かける，アーロンチェアは，長時間労働に向いていて，人気だよね」

「座り心地が良いとはいえ，定価20万円くらいしますよね…」

「確かに新品は高いけど，中古なら5万円くらいで購入できるよ。家庭用の椅子でも，新品であれば同じくらいの値段だから，中古品に抵抗がないのであれば，悪い買い物ではないと思うよ」

「中古のアーロンチェアか，新品の家庭用の椅子か。嬉しい悩みですね」

7　パソコンは最新，スクリーン2枚でペーパーレス化！

「パソコンは数年で買い替える消耗品だけど，作業効率を優先して，スペックの良いものを買っておこう」

「国内メーカーのパソコンは，一度も使わないソフトが沢山付属されていて，値段も高いですよね。IT系やクリエイターであればMac，ビジネス用途であればWindowsがOSの海外メーカー

ですね」

　ビジネス用途であれば，一度も使用しないようなソフトがふんだんに付
属されているモデルは，値段が高いだけでなく，スピードが遅くなる原因
になることもあるので，なるべく避けた方が賢明です。Macは，Windows
とキーボードの配列やショートカットキーが異なるので，ビジネス用途で
は使い勝手が劣る点が否めません。

「ビジネス用途であれば，Windowsの方が無難かな。海外メー
カーであれば，スペックやソフト，スクリーンの有無を選べるの
で，不要なものを省いてコストカットできるね」

「スクリーンが2枚あると便利ですよね」

「デスクトップであればスクリーン2枚，ノートPCであれば，別
途スクリーンを1枚用意しておこう」

　スクリーンが2枚あれば，PDFの資料やネットの情報を見ながら，エ
クセルやワードを使用できるので，作業効率が格段に上がります。プリン
トアウトする必要がないので，ペーパーレス化にもつながります。

8　複合機は中古を活用！

　フリーランスにとって，複合機の導入は悩みの種です。ペーパーレス化
が進んでいるとはいえ，複合機があると何かと便利です。

「複合機の選択肢は，SOHO向けか業務用か，リースか購入かになる」

・SOHO向け or 業務用
・リース　　or 購入

「SOHO向けは購入のみで，価格は５万円〜10万円。それほどスペースも取らないので，最初のうちはこれで十分だね」

「最近はカラー印刷も綺麗になったので，顧客に納品しても恥ずかしくないレベルですよね」

　SOHO向けは比較的安価ですが，プリントアウトやPDF化のスピードが遅く，Ａ３用紙を使えないというデメリットがあります。

「業務量が増えてくると，どうしてもプリントアウトのスピードが気になってくる。また，Ａ３用紙を使えないので，どこかのタイミングで，業務用にシフトするときが訪れるんだよ」

「業務用の難点は，何と言っても値段ですね」

　業務用のリース料は，型番や使用量で異なりますが，フリーランスなら，月額5,000〜10,000円くらいで収まるかと思います。一方，購入すると，100万円〜300万円くらいかかります。

「正直言って，懐具合を考えると，どちらも難しそうです。しばらくSOHOモデルを使用して，Ａ３用紙をコピーするときはコンビニを利用します…」

「結論を出すのが早過ぎるよ。業務用複合機こそ，中古品を活用すれば，劇的にコストを抑えることができるんだよ」

　複合機の中古品は，「買い切り」か，購入後に「保守契約」を付ける選択肢があります。買い切りの場合，購入後のトラブル対応は別途料金が発生します。また，トナーの購入や交換も自分で行わなければなりません。
　一方，保守契約は，毎月数千円の保守契約料に，トラブル対応やトナー交換，カウンター料金が含まれています。

「複合機は，紙詰まりや，印刷の不具合などのトラブルは付きものですよね。特に中古であれば，故障のリスクが高いんじゃないでしょうか？　だからと言って，保守契約を付けると固定費が増えてしまいます」

「中古の複合機を購入するポイントはカウンター数（これまでの印刷枚数），これに尽きる。カウンター数が多いほど，故障のリスクが高くなる」

　中古の複合機のカウンター数は，10万枚程度が一般的と言われています。５万枚だと少なめ，２～３万枚だと稀少価値があります。カウンター数が少ないほど，故障のリスクは低くなります。

「複合機は，3大メーカーの商品が圧倒的に質が高く，人気もある。つまり，3大メーカーの中古品で，カウンター数が少ないものを選べば，故障のリスクを抑えられるんじゃないかな」

　タイミングによっては，状態の良い商品を20万円程度で購入できます。
　新品を月額1万円でリースした場合と，中古品を20万円で購入したケースを比較してみましょう。期間は2年間，処分費用は3万円とします。

> ・リース：1万円×24か月＝24万円
> ・購入　：20万円+3万円＝23万円

「状態の良い中古品を購入し，2年間トラブルなくやり過ごせれば，新品をリースする場合と金額はほぼ同じ。2年以上トラブルなく使用できれば，購入が圧倒的に有利になる」

「使用頻度が少ないのなら，トラブルが起きる可能性は低いので，購入した方が良さそうですね。逆に，使用頻度が多いなら，リースの方が安心です」

「中古の電化製品は当たりはずれが多く，ギャンブル的要素があるけど，活用次第では，固定費を削減することができるんだよ」

9　ホームページは自作で我慢！

「フリーランスの情報発信は，SNSで十分かもしれないけど，今の時代，ホームページはあった方がいいね」

「ホームページは，専門業者に外注すると，高額になってしまいます…」

　専門業者に本格的なホームページを依頼すると，100万円を超えることも珍しくありません。大金を投じてホームページを作っても，集客効果が見込めるとは限りません。見栄えはよいけど，全く更新されていないホームページを見かけることがあると思います。

「ホームページを外注すると，仕様が複雑になるので運営も委託せざるを得ないことになり，月額5千円～1万円くらいのランニングコストがかかってしまう」

「初期投資だけでなく，固定費も増えてしまいますね。過大な投資は慎重に判断すべきかと思いますが，信用面を考えれば，ホームページは持っておきたいです」

　少額の投資でホームページを作るなら，自作してみましょう。有料のテンプレートが充実しているので，プログラミングができなくても，ワードプレスを覚えれば，簡単にホームページを作成できます。自作なので，タイムリーに更新できます。

「ホームページを自作するには，まず，ドメインを取得しよう」

　ドメインとは，「～.com」や「～. JP」のことで，「～」の部分は自分の好きな文字を設定します。「okane.com」や「zeikin. JP」のようなイメージです。

「次に，サーバーを契約しよう」

ドメインとサーバーがあれば，ホームページだけでなく，独自のメール
アドレスを使用できます。

「最後に，ホームページのテンプレートを購入する。デザインは，
サンプルを見て，気に入ったものを選んでみよう」

3～4万円もあれば，見栄えのよいテンプレートを購入できます。それ
なりの規模の会社でも，テンプレートを使っていることは珍しくありませ
ん。

「5万円もあれば，ドメイン，サーバー，テンプレートを準備で
きる。オリジナルのホームページは，事業規模が大きくなったと
きや，ネット集客に力を入れるタイミングで遅くないよ」

「5万円ですか！　ワードプレスを覚えるのが大変そうですが，
お金がないなら，自分で手を動かせば良いのですね！」

ワードプレスを覚えて，一通りホームページを運用すれば，オリジナル
のホームページを外注するとき，業者と対等に会話することができるので，
法外な報酬で発注してしまうこともありません。

10　交通費をケチるな，異業種交流会をケチれ！

「売上が安定しないうちは，交通費をケチりがちになってしまうけど，むしろ，交通費にはお金をかけるべきだよ」

「交通費は，積もり積もれば結構な金額になりますよね。経費は削減すべきじゃないでしょうか？」

　交通費をかけると言っても，電車でなくタクシーで移動するという意味ではありません。

「オフィスに籠ってないで，積極的に営業しようという意味だよ。オンラインミーティングが普及してきたけど，対面の泥臭い営業に勝るものはない。交通費は営業に必要不可欠，ケチるとジリ貧になってしまう」

「実際に会って顔をあわせた方が，お互いに安心ですもんね。交通費をケチらず，昭和のドブ板営業ですね」

　一方，時間とお金が無駄になってしまいがちなのが，異業種交流会。参加者の目的はみんな一緒，顧客探しです。

「異業種交流会で名刺を配れば配るほど，あちこちから営業を受けることになる。異業種交流会とは，魚のいない池に釣り人が殺到して，釣り人同士で針を引っ掛けあうような集まりだよ」

「何だかコントみたいですね。営業は地道にコツコツですね」

11　記帳は毎日忘れずに

「1章でも話したけど，忘れてはならないのは，日々の記帳。領収書の整理と会計ソフトの入力は，1日5分もあればできるので，毎日継続しよう」

「1年分をまとめて処理するのは余計な時間がかかるし，効率も悪いですよね」

　毎日記帳していれば，財務状況を常に把握することができます。資金繰りのためにも，無駄な経費に即座に気づくためにも，日々の記帳は欠かせません。面倒くさがらず，毎日しっかり記帳しましょう。

12 章
老後資金はいくら必要？
世帯別シミュレーション

　老後資金は，老後の収入や世帯構成によって大きく変わります。若い世代は，将来のライフスタイルを見据えて，今から時間をかけて準備すれば十分間に合います。

　一方，定年退職を間近に控えた世代は，悠長なことを言っている場合ではありません。いくら必要なのか目安がなければ，老後のプランをたてることができません。ここでは，老後の世帯別の家計を，シミュレーションしてみます。

1　高齢無職世帯の家計収支

　総務省統計局による，「家計調査報告（家計収支編）2019年（令和元年）平均結果の概要」による，高齢無職世帯の家計の実態をみていきましょう。

■2人以上の世帯のうち高齢無職世帯

　世帯主が60歳以上の無職世帯の可処分所得（実収入から非消費支出（直接税・社会保険料等）を控除）と消費支出，その差引きである不足分は，次のとおりです。

▶図表12－1 ２人以上の世帯のうち高齢無職世帯の家計収支（2019年）

(円)

項目	平均	60〜64歳	65〜69歳	70〜74歳	75歳以上
世帯数分布（１万分比）	10,000	503	1,896	2,586	5,015
世 帯 人 員 （人）	2.37	2.48	2.44	2.39	2.33
世帯主の年齢 （歳）	74.8	62.5	67.2	71.7	80.4
持　家　率 （％）	92.7	89.4	93.6	93.7	92.1
実　収　入	242,468	188,643	259,448	248,056	238,415
社会保障給付	199,651	113,196	198,770	206,748	204,767
非 消 費 支 出	32,188	32,900	36,760	32,745	30,021
可 処 分 所 得	210,281	155,743	222,688	215,311	208,394
消 費 支 出	243,260	272,927	271,374	256,315	222,574
黒　　　字	▲32,979	▲117,184	▲48,686	▲41,004	▲14,180
平均消費性向 （％）	115.7	175.2	121.9	119.0	106.8
黒　字　率 （％）	▲15.7	▲75.2	▲21.9	▲19.0	▲6.8

（注）　高齢無職世帯とは，世帯主が60歳以上の無職世帯である。
出所：「家計調査報告（家計収支編）2019年（令和元年）平均結果の概要」（総務省統計局））

▶図表12－2 ２人以上の世帯のうち高齢無職世帯の家計の赤字額

(円)

	60〜64歳	65〜69歳	70〜74歳	75歳以上
可処分所得	155,743	222,688	215,311	208,394
消費支出	272,927	271,374	256,315	222,574
不足分	▲117,184	▲48,686	▲41,004	▲14,180
※5年間の不足分	▲7,031,040	▲2,921,160	▲2,460,240	▲2,552,400
不足分累積	▲7,031,040	▲9,952,200	▲12,412,440	▲14,964,840

※75歳以上については，90歳までの15年間で計算

出所：「家計調査報告（家計収支編）2019年（令和元年）平均結果の概要」（総務省統計局）より著者作成。

「60〜64歳の可処分所得が飛び抜けて低いですね」

「厚生年金の受給開始年齢が段階的に65歳に引き上げられたことにより，この層の年金収入はこれからどんどん減っていくことになるだろう」

　厚生年金の受給開始年齢は，生年月日が男性は昭和36年4月2日以降，女性は昭和41年4月2日以降の場合，65歳となりました。2021年4月1日で，男性59歳以下，女性54歳以下の場合，65歳から年金を受給します。

　図表12−1によると，60歳以上は，どの年齢層でも家計は赤字ですが，年金受給開始までの期間をどうしのぐか，これが喫緊の課題です。老後も仕事を続けるのか，支出を削るのか，貯金を取り崩すのか，家庭の実情に応じて，この課題に取り組んでいかなければなりません。

「定年を65歳に引き上げる流れは，65歳までの家計の赤字を解決するためなんですね」

　図表12−2のとおり，60歳からの5年間，家計の赤字累積は7,031,040円（117,184円×12か月×5年）と突出しています。

「年金の受給開始が65歳からになると，赤字はより大きくなるだろう。また，厚生年金か国民年金かによっても大きく異なってくる」

　図表12−2について，年金受給開始年齢を65歳，図表12−1の社会保障収入について，2章で説明した，厚生年金220,496円，国民年金130,150円（65,075円×2人）に置き換えて，図表12−3と12−4で計算してみましょう。

▶図表12−3　65歳から厚生年金を受給する場合の不足額

(円)

	60〜64歳	65〜69歳	70〜74歳	75〜90歳
可処分所得	42,547	244,414	229,059	224,123
消費支出	▲272,927	271,374	256,315	222,574
不足分	▲230,380	▲26,960	▲27,256	▲1,549
※5年間の不足分	▲13,822,800	▲1,617,600	▲1,635,360	▲278,820
不足分累積	▲13,822,800	▲15,440,400	▲17,075,760	▲16,796,940

▶図表12−4　65歳から国民年金を受給する場合の不足額

(円)

	60〜64歳	65〜69歳	70〜74歳	75〜90歳
可処分所得	42,547	154,068	138,713	133,777
消費支出	▲272,927	271,374	256,315	222,574
不足分	▲230,380	▲117,306	▲117,602	▲88,797
※5年間の不足分	▲13,822,800	▲7,038,360	▲7,056,120	▲15,983,460
不足分累積	▲13,822,800	▲20,861,160	▲27,917,280	▲43,900,740

「厚生年金の場合，74歳までの不足額累計が1,708万円。まさに，老後資金が2,000万円近く不足しますね」

「図表12−3のとおり，厚生年金の場合，60〜64歳までの不足分が1,382万円と突出している。つまり，65歳まで働けば，不足額は323万円ですもので，500万円ほど貯金があれば，計算上は90歳まで逃げ切ることができるね」

　大変なのはフリーランスをはじめとした，国民年金の家庭です。65歳まで働いたとしても，90歳まで生きた場合，不足額は3,000万円。74歳までの毎月の赤字は約12万円なので，夫婦2人で働いたとして，1人6万円稼ぐ必要があります。

「まさに，下流老人のリアルな家計ですね。65歳以降も働かざるを得ないといっても，心身共に衰えてくるので，どこかで限界がやってきます。場合によっては，生活保護に頼らざるを得ないのでしょうね」

「この調査報告書から，国民年金の世帯は，現役時代に，老後の生活を視野に入れた対策をしておく必要があると読み取れる。フリーランスは，人によっては老後資金の不足額は2,000万円どころじゃない」

「将来的に，さらなる年金受給開始年齢の引き上げや，支給額が減るようなことがあったらと考えると恐ろしい限りです」

　今後，現役世代の負担が，ますます増加していくことが予想されます。生涯現役で働くなり，老後資金を十分確保しておくなり，個々のライフスタイルにあった対応が求められることでしょう。特に，国民年金の場合，年金受給額が低いため，フリーランスの老後資金の確保は切実な課題です。

「図表12−1で，もう１つ注目すべきなのは，持家率が約90％と高いこと。つまり，賃貸の家庭では，消費支出に家賃が追加されてしまう」

「住宅ローンを背負うと現役時代が苦しくなるし，持ち家でなければ老後が苦しくなる。悩ましい問題ですね」

■高齢夫婦無職世帯

　図表12－5～7のとおり，夫65歳以上，妻60歳以上の夫婦のみの無職世帯の実収入は237,659円。可処分所得206,678円，消費支出239,947円となり，毎月33,269円が不足します。

■高齢単身無職世帯

　60歳以上の単身無職世帯の実収入は124,710円。可処分所得112,649円，消費支出139,739円となり，毎月27,090円が不足します。

2　世帯別シミュレーション

　前記1の調査結果を基に，ここでは，サラリーマンが65歳で定年退職した後の老後資金について，世帯別のシミュレーションをしてみます。

　それぞれ，持ち家（住宅ローンなし），持ち家（住宅ローンあり），賃貸の3パターンについてみていきましょう。

　なお，フリーランスは老後のことを心配する前に，商売で成功することが先決です。図表12－4の試算で身が引き締まったのではないでしょうか。

■夫婦2人

　①　持ち家（住宅ローンなし）

　　「図表12－6のとおり，毎月の不足額が約3.4万円。将来的に年金が減ることを想定したとしても，500万円くらい貯金があれば計算上は問題ないんじゃないかな」

　　「65歳以降も働くか，貯金次第では，趣味や旅行といった老後の生活をより充実させることができそうですね」

▶図表12－5　高齢夫婦無職世帯及び高齢単身無職世帯の家計収支（2019年）

項　目	高齢夫婦無職世帯		高齢単身無職世帯	
	月平均額（円）	構成比（%）	月平均額（円）	構成比（%）
世　帯　人　員（人）	2.00	－	－	－
有　業　人　員（人）	0.09	－	－	－
世　帯　主　の　年　齢（歳）	75.6	－	76.3	－
世帯主が60歳以上の世帯（総世帯）に占める割合（%）	23.9	－	26.6	－
実　　収　　入	237,659	100.0	124,710	100.0
勤　め　先　収　入	6,389	2.7	－	－
世帯主の配偶者の収入	6,389	2.7	－	－
事　業・内　職　収　入	5,092	2.1	793	0.6
他　の　経　常　収　入	220,395	92.7	119,496	95.8
社　会　保　障　給　付	216,910	91.3	115,558	92.7
仕　　送　　り　　金	469	0.2	1,203	1.0
可　処　分　所　得	206,678	－	112,649	－
消　費　支　出	239,947	100.0	139,739	100.0
食　　　　　　料	66,458	27.7	35,883	25.7
住　　　　　　居	13,625	5.7	12,916	9.2
光　熱・水　道	19,983	8.3	13,055	9.3
家　具・家　事　用　品	10,100	4.2	5,681	4.1
被　服　及　び　履　物	6,065	2.5	3,659	2.6
保　健　医　療	15,759	6.6	8,445	6.0
交　通・通　信	28,328	11.8	13,117	9.4
教　　　　　育	20	0.0	47	0.0
教　養　娯　楽	24,804	10.3	16,547	11.8
そ　の　他　の　消　費　支　出	54,806	22.8	30,389	21.7
諸　　雑　　費	20,845	8.7	14,366	10.3
交　　際　　費	25,749	10.7	15,258	10.9
仕　　送　　り　　金	1,134	0.5	569	0.4
非　消　費　支　出	30,982	－	12,061	－
直　　接　　税	11,976	－	6,245	－
社　会　保　険　料	18,966	－	5,808	－
黒字［可処分所得－消費支出］	－33,269	－	－27,090	－
金　融　資　産　純　増	－5,171	－	－5,580	－
平　均　消　費　性　向（%）	116.1	－	124.0	－

（注）　1　高齢夫婦無職世帯とは，夫65歳以上，妻60歳以上の夫婦のみの無職世帯である。
　　　　2　高齢単身無職世帯とは，60歳以上の単身無職世帯である。
　　　　3　「消費支出」のうち，他の世帯への贈答品やサービスの支出は，「その他の消費支出」の「交際費」に含まれている。

出所：図表12－2と同じ。

▶図表12－6　高齢夫婦無職世帯の家計収支（2019年）

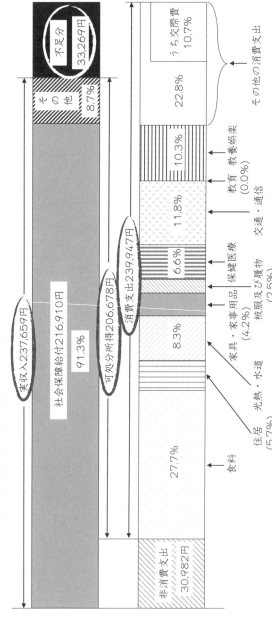

(注) 1　高齢夫婦無職世帯とは，夫65歳以上，妻60歳以上の夫婦のみの無職世帯である。

2　図中の「社会保障給付」及び「その他」の割合（％）は，実収入に占める割合である。

3　図中の「食料」から「その他の消費支出」までの割合（％）は，消費支出に占める割合である。

4　図中の「消費支出」のうち，他の世帯への贈答品やサービスの支出は，「その他の消費支出」の「うち交際費」に含まれている。

5　図中の「不足分」とは，「実収入」から「消費支出」及び「非消費支出」を差し引いた額である。

出所：図表12－2と同じ。

▶図表12－7　高齢単身無職世帯の家計収支（2019年）

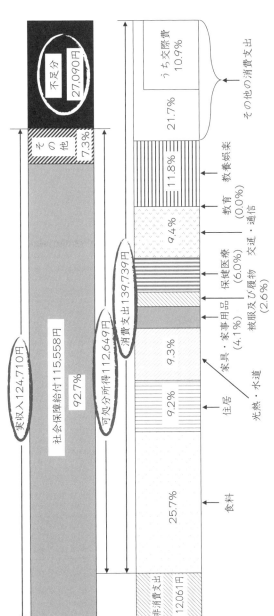

（注）　1　高齢単身無職世帯とは、60歳以上の単身無職世帯である。
　　　　2　図中の「社会保障給付」及び「その他」の割合（％）は、実収入に占める割合である。
　　　　3　図中の「食料」から「その他の消費支出」の割合（％）は、消費支出に占める割合である。
　　　　4　図中の「消費支出」のうち、他の世帯への贈答品やサービスの支出は、「その他の消費支出」の「うち交際費」に含まれている。
　　　　5　図中の「不足分」とは、「実収入」から「消費支出」及び「非消費支出」を差し引いた額である。

出所：図表12－2と同じ。

　夫婦共働きの家庭であれば，年金や退職金，貯金も２倍。老後の生活は悠々自適の勝ち組なので，無理に投資で資産を殖やす必要はありません。もし，投資をするなら，余裕資金の範囲に抑え，うまい儲け話にのらないよう気をつけましょう。

②　持ち家（住宅ローンあり）

「住宅ローンが残っていると，月々3.4万円の不足額に加えて，元利払い分が不足することになる。健康上のリスクを考えると，70歳までには完済しておきたいかな」

「65歳以降，住宅ローンが残ってしまうと精神的にもキツイです」

　住宅ローンの元本が減れば，利息の支払いが減るので，貯金や退職金を全て返済にまわした方が良いでしょうか？

「住宅ローンの元本を減らすのは，経済合理的であることは間違いない。ただし，高齢者の場合は，健康面も考慮して，ある程度まとまった貯金を手元に残しておこう。貯金や退職金を，全て返済に充当するのは得策じゃない」

「事故や病気で，いつ，まとまったお金が必要になるか分かりませんもんね。住宅ローンの返済は，現役時代から計画的に前倒しで行っておきたいですね」

　住宅ローンの契約時，団信と呼ばれる団体信用生命保険に加入していれば，住宅ローン返済期間中に死亡または高度障害状態になったとき，残債

が完済される仕組みになっています。状況によっては，敢えて繰り上げ返済をしない選択肢もあり得ます。

③　**賃　貸**

「図表12－1の調査では，約10％が賃貸だね。一口に賃貸と言っても，敢えてマイホームを買わず，貯金を厚くしていた家庭と，マイホームを持つ余裕がない，家計がギリギリの家庭に2極化すると考えられる」

「貯金が厚い家庭は，これまで通り賃貸を続けるか，引退を機にマイホームを購入する選択肢がありますが，家計がギリギリの家庭はキツイですね」

　家計があまりに厳しい場合，都営住宅や団地，場合によっては地方や郊外に引っ越すなど，家賃を下げるのが先決です。それでも不足する分は，働いてカバーしなければなりません。

■夫婦，子供（大学1年生）の3人家族

①　**持ち家（住宅ローンなし）**

「次に，65歳で大学1年生の子供がいるケースを考えてみよう。この場合，家計が一変することになる」

「晩婚化が進むことにより，今後，このようなケースは増えてくるでしょうね」

　7章のとおり，大学の学費は，国公立で250万円（年平均62.5万円），私立で460万円（年平均115万円）です。

「家計の不足額3.4万円に学費が加わると，国立大学で月額8.7万円，私立大学で13万円。さらに生活コストが加わることになる。生活コストを5万円と仮定すると，国立大学で13.7万円，私立大学で18万円不足してしまう」

「子供のアルバイトは必須，69歳まで働くことも視野にいれないといけませんね」

　子宝に恵まれたのが遅い家庭では，老後の学費は切実な問題です。5章で説明したとおり，奨学金（貸与型）は借金なので，できる限り避けるのが無難です。また，余程経済的に恵まれていなければ，医大への進学や海外留学は難しいかもしれません。

② 持ち家（住宅ローンあり）

「次に，持ち家で住宅ローンが残っているケースはどうだろう？」

「国立大学で13.7万円，私立大学で18万円不足することに加えて，住宅ローンの返済がのしかかってくるので，正直しんどいです」

　住宅ローンの返済と学費の支払いを両立させることは，果たして可能でしょうか？

「両親は65歳以降も働いて，住宅ローンの返済を優先させよう。子供はアルバイトして学費に充てる。そうすれば，家計としては夫婦2人の②の家庭と大きく変わらないね」

「69歳までに住宅ローンを完済すれば，子供も大学を卒業している
ので，夫婦2人の①の家計と同じになりますね。最初は絶望的
かと思いましたが，上手にやり繰りすれば何とかなりそうです」

　住宅ローンの返済と学費の支払いの両立は，家族全員が働いて収入を得
ることで解決できます。健康面で仕事を続けられなくなってしまうと，こ
の前提が大きく崩れてしまいます。まさに「身体が資本」なので，若いと
きから健康に留意しましょう。

③　賃　貸

「賃貸では，夫婦2人の③のとおり，家計は2極化する。貯金が
厚い家庭は，余程のことがない限り学費は問題にならない」

「問題なのは，家計がギリギリの家庭ですね」

　家計がギリギリの家庭は，学費を奨学金（貸付型）で工面せざるを得ま
せん。奨学金は，このような家庭の助けになりますが，繰り返しになりま
すが，借金だということを忘れてはいけません。

「このケースでは，子供が学費だけでなく，生活費の一部もアル
バイトでサポートせざるを得ない。どうしても奨学金（貸付型）
に頼らざるを得ない場合は，必要最低限におさえておこう」

「社会人のスタートが，借金400万円か100万円かでは大きな違い
ですよね」

■単身者

① 持ち家（住宅ローンなし）

「図表12－7のとおり，高齢単身者は毎月約2.7万円不足する。夫婦2人の①と同様に，将来的に年金が減ることを想定したとしても，500万円くらい貯金があれば計算上は問題ないね」

「夫婦でも，単身者でもそれほど変わらないですね」

単身者の場合，気になるのは介護の問題です。

「ただし，認知症などのリスクを考えると，介護施設の入居費用を見込んで，貯金に余裕を持たせていた方が安心だね」

「単身者なら，自宅を売却したお金で介護施設に入居することもできますね。いずれにしても，住宅ローンを完済していれば，何とかなりそうです」

② 持ち家（住宅ローンあり）

「単身者は1人で住宅ローンを返済するので，共稼ぎのような2馬力が見込めない。住宅ローンは現役時代に完済してしまい，老後はのんびり暮らすのが理想的だよね」

「団信に加入していたとしても，自分の死亡時にローンが完済したところで，嬉しくないですもんね」

単身者の場合，毎月2.7万円の不足額に，住宅ローンの返済額が加算さ

れます。団信に加入していたとしても，残された家族がいなければ意味がありません。可能な限り，65歳までに住宅ローンを完済してしまいましょう。

③　賃　貸

「単身者で賃貸の場合，毎月2.7万円の不足額に加えて，家賃の支払いが必要になる」

「アパートなら比較的家賃を抑えられますよね」

地方であれば3万円，都心でも7万円くらいでアパートを借りることができます。

「貯金に余裕があったとしても，毎月10万円の赤字が続けば，遅かれ早かれ残高が底をついてしまう」

「1年間で120万円だと，75歳までの10年間で1,200万円ですか…賃貸を続ける場合，65歳以降も仕事を続けた方が良さそうです」

単身者の場合，現役時代に，中古のワンルームマンションに投資しておく選択肢もあります。

「現役時代に，賃料収入と給料でローンを完済しておけば，老後は，引き続き賃貸に出してもいいし，自分で住むこともできる」

210

「ワンルームマンション投資というと，家賃収入を得ることだけが目的だと思っていましたが，いざという時のために，住む場所を確保しておくということですね」

　立地の良い中古マンションを割安で購入し，ローン完済後，自分で住むときにリノベーションをすれば，快適な居住空間で老後を送ることができます。

■離婚した場合

「3組に1組は離婚すると言われているけど，離婚した場合，厚生年金の年金分割請求は2年以内になるので忘れないようにしよう」

　離婚時の厚生年金の年金分割には，合意分割制度と3号分割制度がありますが，ともに，原則，離婚等をした日の翌日から2年以内に請求しなければなりません。

「ざっくり言うと，合意分割制度は，婚姻期間中の厚生年金を当事者間で分割する制度，3号分割制度は，専業主婦（主夫）からの請求によって，厚生年金を2分の1ずつ分割する制度になる」

「婚姻期間中の厚生年金を分割するというところがポイントですね」

　離婚した場合，厚生年金の分割により，将来の年金収入が変わってきます。離婚後，国民年金の加入者になった場合，前述の単身者と比べ，年金収入が少なくなることが予想されます。

▶図表12−8　離婚時の年金分割

合意分割制度

離婚等をし，以下の条件に該当したときに，当事者の一方または双方からの請求により，婚姻期間中の厚生年金記録（標準報酬月額・標準賞与額）を当事者間で分割することができる制度です。

- 婚姻期間中の厚生年金記録（標準報酬月額・標準賞与額）があること。
- 当事者の合意または裁判手続きにより按分割合を定めたこと。（合意がまとまらない場合は，当事者の一方の求めにより，裁判所が按分割合を定めることができます。）
- 請求期限（原則，離婚等をした日の翌日から起算して2年以内）を経過していないこと。

なお，合意分割の請求が行われた場合，婚姻期間中に3号分割の対象となる期間が含まれるときは，合意分割と同時に3号分割の請求があったとみなされます。したがって，3号分割の対象となる期間は，3号分割による標準報酬の分割に加え，合意分割による標準報酬の分割も行われます。

>離婚時の厚生年金の分割（合意分割制度）

3号分割制度

離婚等をし，以下の条件に該当したときに，国民年金の第3号被保険者であった方からの請求により，平成20年4月1日以後の婚姻期間中の第3号被保険者期間における相手方の厚生年金記録（標準報酬月額・標準賞与額）を2分の1ずつ，当事者間で分割することができる制度です。

- 婚姻期間中に平成20年4月1日以後の国民年金の第3号被保険者期間があること。
- 請求期限（原則，離婚等をした日の翌日から起算して2年以内）を経過していないこと。

なお，「3号分割制度」については，当事者の合意は必要ありません。ただし，分割される方が障害厚生年金の受給権者で，この分割請求の対象となる期間を年金額の基礎としている場合は，「3号分割」請求は認められません。

>離婚時の厚生年金の分割（3号分割制度）

出所：日本年金機構ホームページ

「もし，未成年の子供がいる場合，養育費を忘れてはいけないよ。いつまで，いくら支払うことになるか考えて，家計をやり繰りしよう」

「将来の相続のことも考えておかないといけませんね」

おわりに

　本書を通じて，「お金のリアル」を感じ取っていただけたかと思います。老後資金の不安は，常につきまとってしまうかもしれませんが，家族構成や年齢，ライフスタイルにあった人生設計をたてることで，うまく対処できるはずです。

　将来に悲観的になり過ぎず，現状をしっかり認識して，これからの人生を有意義に過ごしましょう。

　紙面の都合上，深掘りできなかった部分もありますが，生きていくうえで必要なお金の知識は，網羅したつもりです。

　知識は遣わなければ意味がありません。本書を閉じたら，お金の知識を，日々の生活に落とし込んでいきましょう。

　どうでしょうか，貴方だけのステキな人生を過ごすことができるはずです。

　本書は，日頃から「お金の遣い方」を気にしていた筆者が，コロナ禍を機に，改めてその思いを強くしたのがキッカケです。

　AIに負けると言われる税理士が，「お金の遣い方」を提案することに挑戦しました。そこで気がついたことは，税理士という仕事は，多くの方の「お金の遣い方」をいろいろな角度からサポートしてきたんだということです。つまり，「お金の遣い方」を執筆する著者に最も適していたのかもしれません。その他の資格もありますが，全ては税理士がベースですから。

　2021年9月

佐々木　重徳

<著者紹介>

佐々木　重徳（ささき　しげのり）

【資格】　税理士，不動産鑑定士，宅地建物取引士，証券外務員

【仕事】　税金や不動産など，お金に関わる仕事や執筆活動

【経歴】
太田昭和アーンストアンドヤング株式会社（現EY税理士法人）
モルガン・スタンレー証券会社（現モルガン・スタンレーMUFG証券株式会社）
アジリティー・アセット・アドバイザーズ株式会社
日系大手税理士法人（メガバンク出向経験あり）ほか

【著書】
『税理士・会計事務所職員のための不動産取引の基礎知識』（中央経済社）
『アセットマネジャーの着眼力　間違いだらけの不動産投資』（中央経済社）
『顧問税理士が教えてくれなかった　相続税対策になる不動産投資』（中央経済社）ほか

【会社】
佐々木不動産鑑定士・税理士事務所　代表
株式会社ウェルスアドバイザーズ　代表取締役

大人のお金の遣い方　税理士に聴いてきました

2021年11月25日　第1版第1刷発行

著　者　佐々木　　重徳
発行者　山　本　　　継
発行所　㈱　中　央　経　済　社
発売元　㈱中央経済グループ
　　　　パ ブ リ ッ シ ン グ

〒101-0051　東京都千代田区神田神保町1-31-2
電話　03（3293）3371（編集代表）
　　　03（3293）3381（営業代表）
https://www.chuokeizai.co.jp
印刷／三 英 印 刷 ㈱
製本／侑 井 上 製 本 所

ⓒ 2021
Printed in Japan

＊頁の「欠落」や「順序違い」などがありましたらお取り替えいた
しますので発売元までご送付ください。（送料小社負担）
ISBN978-4-502-40371-2　C3034